ラストエンペラー習近平

エドワード・ルトワック
奥山真司［訳］

文春新書
1320

ラストエンペラー習近平　◎目次

日本の読者へ

現在、日本の世論がどのように認識しているか、私は詳しくは知らないのだが、国際政治における日本のステータスに変化が起きている。これはもっと知られていいことだ。

アメリカではバイデン政権に交代したことで大きな変化が起こった。ことに台湾をめぐっては、２０２１年４月の日米首脳会談で新たなステートメントが出された。

一方、欧州は欧州委員会という官僚組織のおかげで、一見、大きな変化は起きていないように見える。その欧州が、これまで日本をどのように見ていたかといえば、正直なところ、「中国との関係を深化させていこう。日本？　どうでもいいのでは？」という態度だった。彼ら欧州の指導者たちの東アジアに対する最大の関心事は、中国との投資協定だった。中国では労働力が使いたい放題であり、労働団体は自由に結成でき、強制労働のようなものは存在しない――。それが、たった数カ月前までの欧州の官僚や高官たちの考えていたことだった。アメリカの不満や日本の懸念など知ったことかという態度で、とにかく中国とビジネスをしたかったのだ。そして２０２０年の年末、実際に投資協定が大筋合意に至ると、欧州のエリートたちは両手《もろて》を挙げて祝福した。ところが２０２１年５月になると、欧州議会では中国の印象が劇的に変化し、その合意が拒否されてしまったのだ。それは、本書で詳しく述べる、中国の外交戦略の根本的な失敗が招いたものだ。

こうした欧州の変化が端的にあらわれたのが、６月にイギリスのコーンウォールで開催されたＧ７サミット（主要７カ国首脳会議）である。そこで露わになったのは欧州側の「優先順位」が一変したことだ。最も大事なパートナーはアメリカ。このランクは不動で、トランプ時代でさえ変わらなかった。ところが「その次に大事な国」として、日本が浮上してきたのだ。

欧州各国は、西側諸国の利益のために、東アジアに積極的に関与しなければならないという国際的な圧力にさらされている。イギリス、フランス、ドイツもそうだ。そして、これまで彼ら欧州勢がアジアで最も重要なパートナーだと考えてきたのは、疑いもなく中国だった。それがいまや、日本を民主的価値を共有する西側諸国のリーダー国のひとつであると、あらためて認識しはじめたのである。

こうした認識の変化は、英空母「クイーン・エリザベス」の極東派遣としてもあらわれている。ちなみに私はこのような事態を、２０１５年、『中国《チャイナ》４・０』（文春新書）の取材のために日本に滞在していた頃に、すでに訳者の奥山真司氏を含む、多くの日本の関係者たちに予言していた。それは「イギリスは将来シンガポールの東側で空母を運用することになる。シンガポールを拠点にすることもありうる」ということだった。

このように、欧州からの日本への期待は高まっている。そうなると、日本にとって大事なのは、その返礼である。今度は海上自衛隊が船を出し、国際的な共同軍事演習に参加する番なのだ。

フランスの軍艦はベンガル湾を越えて、台湾海峡を通過し、日本まで来ているのだ。すでにインド洋などではインドとの海上合同軍事演習も行っている。このような動きに日本も加わるのである。これに他の国々を加えてもいい。日本の防衛省は目覚めなければならない。

軍事レベルにおいて、日本は2国間での演習などには慣れている。それを多国間に拡大するのである。海上自衛隊の艦艇は、イギリス、フランス、オランダだけでなく、ドイツの港にも寄港すべきだ。欧州近辺への艦船の派遣や、欧州における軍事演習への参加など、日本が「パートナー」としてのプレゼンスを示すことを、欧州諸国は求めるようになるだろう。これが「海洋国家の国際ネットワーク」が中国を包囲しつつある現代において、日本が期待されているポジションなのである。

序章　「戦略のロジック」で中国を見る

これまでとは異質な指導者

本書の狙いは、「戦略のロジック」で中国を、そしてその支配者である習近平《しゅうきんぺい》を解き明かすことにある。中国はきわめて巨大でアグレッシブな国家であり、習近平はそこで独裁的な権力を行使する「皇帝」だ。そのパワーは世界を席捲《せっけん》しつつあるようにみえる。

習近平のことを、多くの人々は中国の国家主席だと考えているだろう。確かに彼は7人目の国家主席であり、それはおそらくアフリカの小国の大統領よりも重要な役職といえる。同時に、彼はより重要な別の肩書ももっている。それは「中国共産党中央委員会総書記」というものだ。よく知られていることだが、国家主席と中国共産党中央委員会総書記が別の人物であった場合、より上の立場に立つのは、党の総書記のほうである。中国では憲法にも、中国共産党が国家を領導すると明記されている。国家機構より党が上であり、その逆ではないのだ。

その中央委員会は、中国共産党全国代表大会（党大会）で決まった中央委員と候補委員あわせて３７０人ほどからなり、総書記は7人の中央政治局常務委員の中から選ばれる。これもよく知られていることだが、ここに至る過程で、国民による投票は一度も行われていない。その点、やはり独裁者であるロシアのプーチン大統領とも、かなりパワーは落ちるがトルコのエルドアン大統領とも異なる。

党のトップになっても、華国鋒《かこくほう》、胡耀邦《こようほう》や趙紫陽《ちょうしよう》のように最高権力者にはなれなかったケースもある。そこで重要なのは、習近平のまた別の肩書である党中央軍事委員会主席、国家中央軍事委員会主席だ。この中国人民解放軍の統帥権を握るポジションを手放さなかった鄧小平《とうしょうへい》は、国家主席に就かないまま、最高実力者として君臨し続けた。この軍のトップとなったのは、中華人民共和国の歴史でたった6人しかいない。毛沢東《もうたくとう》、鄧小平、鄧小平によって実権を握れなかった華国鋒、江沢民《こうたくみん》、胡錦濤《こきんとう》、そして習近平である。

しかし習近平は、彼の前任者たちとは明らかに異なる性格をもっている。前任者たちのなかには、「自由化」を信じ、「民主化」が必要だと考えていた者もいた。胡耀邦はチベット弾圧の非を認めたり、言論の自由化を進めようとしたし、趙紫陽は天安門事件に際し、本気で学生側と対話しようとしていた（その結果、鄧小平によって排撃された）。たとえば江沢民も、総書記としての最後の党大会で、「３つの代表」論を提示し、資本家である私企業のリーダーにも門戸を開くことを宣言している。これらは長期的には民主化への方向を示すものだったといえるだろう。だが、習近平の時代となり、状況は劇的に変わったのである。

毛沢東以来の「皇帝」に

習近平は２０１２年に党の総書記に就任してまもなく、「八項規定」という贅沢禁止令を掲げた。視察や会議、警備などを簡素にしろ、書類や草稿や発表をシンプルにしろ、訪問活動を規範《きはん》通りに行え、報道を簡素にして短縮せよ、そして倹約節約しろ、というものである。一見、学校の道徳の時間のような他愛もない規則に思えるが、その結果、手当などの給付違反、謝礼の金品の授受、接待、公金での飲食や国内旅行、にぎやかな冠婚葬祭などが、「八項規定」の精神に違反するとして、次々に告発されていった。そして5年間で１５３万７０００人もの「汚職幹部」が追放されたのである。そこには共産党の最高意思決定機関である中央政治局の常務委員だった周永康《しゅうえいこう》や、重慶市の党委書記で習近平のライバルとされた薄熙来《はくきらい》も含まれていたが、習近平自身やその親類、また習近平に追従《ついしょう》を惜しまない人々は含まれていない。その結果、「反習近平勢力」を一掃することに成功したのである。その摘発の波は、近年、習近平政権の事実上のナンバー2と目されていた王岐山《おうきざん》国家副主席のグループにも及んでいる。もっと習近平への忠誠を示さなくてはならない、と党の幹部たちなら誰もが考えるだろう。

そして２０１８年3月には、それまで憲法で2期10年までとしてきた国家主席の任期を撤廃した。これはつまり習近平は死ぬまで中国のトップであり続けられるということだ。あの手この手で大統領の座にいすわろうとしているプーチンでさえ任期を撤廃したりはしていない。

中華人民共和国の歴史のなかでも死ぬまで権力の座にいつづけたのは毛沢東だけで

ある。鄧小平は実際には最高決定権を握りながら、胡耀邦や趙紫陽などを表に立て、最後には江沢民という後継者を指名した。鄧小平はプラグマティック（実利的）な権力者であり、分散型のシステムを構築することで権力の安定をはかったのである。習近平はそれとはまったく異なる。その意味で彼にふさわしい呼び名は国家主席でも、党総書記でもない。終身、権力を一元的に掌握し、すべての国民を「臣下」として従える存在、すなわち「皇帝」なのだ。

　習近平は２０１７年に「新時代の中国の特色ある社会主義思想」なるものを打ち出した。いわゆる「習近平思想」だ。２０２０年の党の中央委員会工作条例では、全党全軍全国各民族の「統一思想、統一意志、統一行動」を呼びかけ、習近平思想で「全党を武装し、人民を教育する」と宣言している。さらには新聞をはじめとするメディアに対し、「習近平思想をテストするアプリで8割正解しないと、記者証を発行しない」と脅し、北京大学、清華大学など37の大学で「習近平思想」を必須科目にしているのだ。

　そして、香港国家安全維持法やウイグルやモンゴルでの民族弾圧、さらには南シナ海で他国の漁船を沈没させたり、ベトナムのトンキン湾で侵略行為を開始したりと、国内においても国外においても強硬政策を強めている。

　これを一言でいえば、習近平は毛沢東以来の「皇帝」になろうとしているのだ。そして、後に詳しく述べるが、毛沢東以上に毛沢東主義に忠実な政策を実行しようとしているのである。

中国は弱くなっている？

　では、こうした習近平に率いられた中国という国はどんな国なのだろうか？　まず14億人もの人口を抱えるとても大きな国であることは間違いない。経済的にもGDPでは人口1億人強の日本を抜いてぐんぐんその差を広げ、やがては人口3億人強のアメリカをも超えて、世界1位となる勢いだ。科学技術への投資も盛んで、軍事費の伸長も著《いちじる》しい。南シナ海、東シナ海をはじめ、日本、フィリピン、インドネシア、マレーシア、ベトナム、インドと領土をめぐるいさかいを繰り返し、大規模な戦略構想である「一帯一路」ではパキスタンやスリランカの港の操業権を押さえ、アフリカの国々を負債漬けにするなど、国外に向かっても、その影響力を拡大しようとしている。つまり巨大な中国はますますその強さを増している——と多くの人は感じているだろう。

しかし、「戦略のロジック」でみると、中国はますます不安定さを増し、国際的にはむしろ弱くなっている、と分析できるのだ。

私は２０１６年に『中国《チャイナ》４・０』という本を書いた。そこで述べたのは、中国が大国としてはありえないほど、その対外政策をころころ変えてきた、ということだ。私は２０００年代から生じた変化を「チャイナ１・０」から「チャイナ３・０」の３段階で分析し、今後、中国がとるべき対外政策「チャイナ４・０」を提言した。どのように変えてきたかは以下の章で詳しく論じるが、ここで述べておきたいのは、そもそも20年ほどの間に幾度も対外政策を大きく変えること自体が、中国という国の不安定さを露《あら》わにしているということである。

そもそも対外政策の大方針というものは、特に大国であればあるほど頻繁《ひんぱん》に変わることはない。20年から30年に1度というのが通常のペースだろう。しかし、中国は違う。その外交方針はまるでアフリカの小さな独裁国家のように目まぐるしく動いているのだ。その不安定さは、中国の政治形態によるところが大きい。アメリカや日本のように議会の内外でのオープンな議論で意思決定がなされるのではなく、党の政治局常務委員会の7つの椅子や、中央軍事委員会の7つ（習近平が11から7に減らした）の椅子、さらには習近平ただ一人の頭の中で決定されてしまうからである。こうなると、どんな平凡な決定でも予期するのは非常に難しい。そればかりか、決定に携《たずさ》わる人数が少ないほど、大規模かつ信じられないほど愚かしい判断ミスがなされてもそのまま実行され、その最悪の結果が誰の目にも明らかになっても修正が行われない可能性があるのだ。

　さて、『中国4・0』のなかで、私が提言した「中国にとって究極にして最適な戦略」とは次のようなものだった。

　ひとつは中国が自国の領域として主張する「九段線」、もしくは「牛の舌」として知られる地図を引っ込めること。つまり南シナ海の領有権の主張を放棄することである。そして、もうひとつは空母の建造をただちに中止することだ。この提言が最も正しい選択であることは、今も変わらない。

そして、この提言についての私の予言も当たった。２０１６年の時点で、私は次のように書いたのだ。――この戦略は、現在の中国にはおそらく実行不可能だ。そもそもこれを中国に提案すれば、反発を受けるのは間違いない。彼らには想像もつかないアイデアだからだ。このような政策の劇的な転換は、中国国内では政治的に受け入れがたいだろう。中国の「メンツ」に大きなキズをつけることになるからだ――と。

「チャイナ１・０」は「平和的台頭」だった。「チャイナ２・０」は「対外強硬路線」であり、中国の外交を大いに後退させた悪手だった。それに少し懲《こ》りて「チャイナ３・０」は「選択的攻撃」となった。では、現在行われている「チャイナ４・０」を名付けるならば、「全方位強硬路線」ということになるだろう。メディアなどでは「戦狼《せんろう》外交」と呼ばれることもあるが、「チャイナ２・０」のさらに劣化したバージョンであり、戦略的にはまさに中国にとって最悪の選択である。

では、「チャイナ４・０」のどこが最悪なのか、そして、なぜ習近平はそれを選んでしまったのかを次章で論じてみよう。私の考えでは、習近平は「強大になるほど、戦略的に弱くなる」という戦略の逆説（ストラテジック・パラドックス）にはまってしまったのである。

第1章　最悪の選択「チャイナ4・0」

国際秩序への参加「チャイナ１・０」

「チャイナ４・０」を語る前に、この20年の中国の対外政策の推移、すなわち「チャイナ１・０」から「３・０」を簡単に見ておく必要があるだろう。

中華人民共和国という国が生まれたのは、第二次世界大戦終結から４年後の１９４９年10月１日のことだ。毛沢東率いる中国共産党が中華民国政府を台湾島へと追い出し、天安門広場で建国宣言を行ったのである。建国の父、毛沢東はこの国の初代「皇帝」となった。大躍進の失敗、文化大革命という恐怖政治で中国を貧困と混乱に導いた毛沢東は１９７６年にこの世を去る。余談だが、私はこの当時北京を訪ねており、葬儀を終えた後に保存処理された毛沢東の遺体をみるため、列に並んだことがある。

後を継いだプラグマティストの鄧小平は市場経済を取り入れたが、１９８９年には天安門広場で学生、市民たちを虐殺する事件を引き起こした。その鄧小平も１９９７

年に他界し、２０００年代に入って中国は新しい対外姿勢を示すようになる。それが「チャイナ１・０」だ。

その第一は経済的台頭である。「中国はさらに豊かになる。ＧＤＰで日本を超え、やがてアメリカに迫るようになる」というのが彼らの掲げた目標だった。そして重要なのは、そこに「ただし平和的に」というメッセージがつけられていたことだ。中国は国際的なルールに従い、既存の国際秩序を変化させたりはしない、という姿勢を表明していたのである。

そのあらわれがＧＡＴＴ（関税及び貿易に関する一般協定）への加盟交渉であり、１９９５年にＧＡＴＴが発展解消してＷＴＯ（世界貿易機関）が発足すると、２００１年、リトアニアやモルドバとともにその一員に加わった。ＩＭＦ（国際通貨基金）には１９８０年から加わっていたが、14条国といういわば仮免許状態だったのが、１９９６年、８条国という〝フルメンバー〟に昇格した。これらの動きは、中国が私的財産権や知的財産権、著作権などを定めた国際ルールにも従うということを意味していた。その結果、中国はアメリカや日本をはじめとする国々からさまざまな支援や投資を受けて、経済成長が可能となったのである。

実際、この「チャイナ１・０」の中国は領海や国連海洋法条約、国際的な金融取引の取り決めなど、多くの面で国際法を遵守《じゅんしゅ》する姿勢を示していた。そのために、経済的発展は著《いちじる》しかったが、国際秩序を脅かしてはいなかったし、周辺の国にとっても脅威ではなかったのである。

「チャイナ１・０」は潜在的には１９７０年代後半、鄧小平の改革開放路線から始まり、２０００年代には顕在化して２００９年末までは明確に採用されていた。この「チャイナ１・０」こそが中国にとって最もメリットの大きな戦略であったし、それは今も変わっていない。しかし、中国のリーダーたちはここで大きな戦略的過ちを犯してしまうのである。それが「チャイナ２・０」だった。

世界不況で始まった「チャイナ２・０」

その引き金を引いたのは２００８年９月のリーマン・ショックだった。約６０００

億ドル（約64兆円）という負債を抱えて、投資銀行リーマン・ブラザーズが倒産し、世界同時不況に陥ったのは、皆さんもよく覚えていることだろう。

アメリカを筆頭に世界中で急激な景気後退が進行するなか、中国は約４兆元（約56兆円）にものぼる大型景気刺激策を発表し、いち早く経済成長を回復させたのである。

このとき、中国はいくつかの判断ミスをした。ひとつは「このままアメリカの経済は下がり続け、中国の経済は上がり続ける。経済で世界一になるまでに25年はかかると思っていたが、あと10年しかかからない」と思いこんでしまったことだ。これまでの人間の歴史のなかでも、ある経済のトレンドが10年以上も続くという事態は存在していない。しかし、中国は高度な経済成長が20年以上も続くという予測を信じたのである。こうした予測を中国に売り込んだグループのひとつが、ゴールドマン・サックス社やモルガン・スタンレー社の腕利きのセールスマンたちだったのだ。

もうひとつは、より根本的な誤りである。経済力の規模がそのまま国力であると誤認してしまったことだ。「何か揉め事が生じても、しょせん小国相手には、金《カネ》（投資や貿易、関税などの経済的手段）で黙らせたり、言うことを聞かせたりすることができる」と勘違いしてしまった。これは、いきなり殴りつけておいてから、１万円札を出してお礼を要求するくらい間違っている。

戦略の観点からみた「国力」とは、総合的な力である。それは単なる軍事力でもなく、もちろん経済力でもない。たとえば今日のイギリスのＧＤＰはおよそ２兆８０００億ドルで、イタリア（約２兆１０００億ドル）を多少上回っている程度だが、その国際的な影響力はおそらく10倍以上違うだろう。その差は外交力、政治力、さらには「大国的精神」などによるものだ。

さてリーマン・ショックでアメリカをはじめとする西側の先進国が没落に向かうと考えた中国の人々は、これ以上アメリカたちの言うことに唯々《いい》諾々《だくだく》と従っている必要はない、中国は物事を決める立場に立つべきだ、と考えるようになり、胡錦濤ら指導者が採用してきた「チャイナ１・０」は中国の力を十分に反映していない、過度に弱い政策だと不満をもちはじめたのである。

そこで２００９年から新たな対外政策「チャイナ２・０」が登場した。その基調は「対外強硬路線」である。中国は博物館や図書館の倉庫をごそごそ探り、古文書や古地図を〝発見〟しては、領土や領海で、これまでの国際的な取り決めを覆《くつがえ》すような強硬な主張を開始したのである。

その最たるものが、南シナ海は中国のものだと主張する、いわゆる「九段線」だろう。これはフィリピン、マレーシア、ベトナムの沿岸すれすれまですべて中国の領海だと主張するもので、中沙諸島、西沙諸島、南沙諸島もみな中国領だということになる。

これはもともと蔣介石《しょうかいせき》の中国国民党が描いた、単なる「願望」を地図にしたものであり、荒唐無稽《こうとうむけい》な妄想に過ぎないものだった。ところが、中国は突如として、これを現実のものだと言い出したのだ。たとえば、それまで中国とインドネシアの間に領有権問題などは存在していなかった。それが、いきなり中国が「ナツナ諸島は自分たちのものだ」と主張しはじめたのである。

尖閣諸島も同様だ。１９７１年から中国は尖閣諸島の領有権を主張し、漁船による領海侵犯などを繰り返してきたが、「チャイナ２・０」でその主張をエスカレートさせた。その結果が、２０１０年、日本の海上保安庁の巡視船との間に引きおこした中国漁船衝突事件だ。大量の「漁船」を送り込むというのは、中国の開発した、ローコストかつ斬新な海上戦術である。何か起きても「漁民」が勝手にやったことだ、と言えばいいからだ。

「反中国ネットワーク」の形成

では、この「チャイナ2・0」は、中国の人々が期待した通りの成果を挙げたのだろうか。周辺の小国は中国にひれ伏し、その領有権を認めたか？　国際的な威信は高まり、さまざまな局面で中国の主張が尊重されるようになったか？　答えは、むしろ逆だった。周辺国は中国に強く反発するか、少なくとも警戒を強め、日本やインド、オーストラリアを含む「反中国ネットワーク」が形成されたのである。

この「チャイナ2・0」での中国の姿勢をよくあらわした発言がある。2010年、ASEAN（東南アジア諸国連合）地域フォーラムでのことだ。南シナ海での領土問題について、ASEAN諸国の外相たちは、アメリカを仲介役とすることを提言した。

すると中国・楊潔篪《ようけつち》は「我々の間には、基本的に大きな違いがある。中国は大国、あなたがたは小国だ。それは厳然たる事実だ」と宣言したのである。これは今も変わらない楊の外交スタイルである。国際的な舞台で、つねに中国国内でしか通用しない発言をするのだ。当然、ベトナムもインドネシアも憤激すると同時に、中国の意図を挫《くじ》く以外に、国の自立は守れないという決意を強くしたに違いない。

大国が強硬な姿勢を示した場合、小国にはいくつかの選択肢がある。黙って従う、というのもそのひとつだが、一般に、ほとんどの独立国はどんな小国であっても、自分の国のことは自分で決めたいという強い志向を有しており、だからこそ独立国としての歴史を刻んできている。大国の思い通りにされないために、小国は同盟し、多国間交渉に持ち込もうとする。さらには他の大国を巻き込んで、対抗しようとするだろう。

「チャイナ2・0」が引き起こしたのは、まさにそうしたリアクションだった。一例を挙げよう。オーストラリアは、アメリカ、イギリス、カナダ、ニュージーランドと情報共有コミュニティを形成している。いわゆる「ファイブ・アイズ」だ。ベトナムは2012年からオーストラリアと戦略対話を開始した。これはもちろん「チャイナ2・0」によって生じたものだ。

この「チャイナ2・0」の挫折が露《あら》わになったのは、2014年11月の日中首脳会談だった。この会談にさきだって、中国は日本に「一つの合意と一つの約束」を守るように迫った。「一つの合意」とは、尖閣諸島について領有権の問題が存在することを認めよ、というものであり、「一つの約束」とは靖国神社に参拝しないと約束しろ、ということだ。この北京の主張は、『環球時報』をはじめとするメディアなどで公表された。つまり、北京政府は、中国国民や世界に向かって、この会談でアベにこの要求をのませるぞ、と公言したのである。

ところが、終わってみると安倍晋三首相はほとんど何も同意しなかった。尖閣問題では、尖閣諸島など東シナ海において「近年緊張関係が続いていることについて」日中は異なる見解を有している、とのみ触れている。つまり、中国は「緊張関係が続いている」＝領有権で争っていると認識しているが、日本はそう思っていない、と言っているのだ。これは戦略的には、北京の完全な失敗だった。中国には、前もって公言した外交目標を達成する力がないこと、議題に乗せることさえ受け入れさせられなかったことを天下に示してしまったからである。そもそも安倍首相のように、中国に対してタフな姿勢を示してきた政治家が、日本の首相として登場したこと自体、「チャイナ２・０」に対するリアクションだったといえる。

相手を選んで攻撃「チャイナ３・０」

このような「反中同盟」の形成を前にして、２０１４年秋ごろから、中国は「チャイナ２・０」が完全な失敗であったことにようやく気がつき、また新たな外交戦略への転換を余儀なくされた。それが「チャイナ３・０」なのだが、ここでも彼らは選択を間違えている。繰り返しになるが、中国にとっての最適戦略は依然として「チャイナ１・０」への回帰だったが、彼らが選んだのは「チャイナ２・０」のマイナーチェンジだったのだ。正確には「チャイナ２・01」といったほうがよいかもしれない。それは「選択的攻撃」であり、抵抗の強いところでは攻撃を控え、抵抗がないところには攻撃を続けるという、一種の妥協案だった。

具体的には、この時期、日本に対しては尖閣問題を含め公的には集中的な非難をやめている（これは今も続いている）。２０１４年まで繰り返していたインド国境付近での侵入事件も、一時的に鎮静化した（これは「チャイナ４・０」でまた覆《くつがえ》る）。

日本やインドといった抵抗の予想されるところではおとなしくする一方、フィリピンのように抵抗できない国には、国際裁判所で南沙諸島などの岩礁は中国の領土などではなく、単なる岩であり、「九段線」の主張にも何の根拠もないという判決が下されたにもかかわらず、埋め立てや基地建設を続ける。これが「チャイナ３・０」だったのである。

しかし、この妥協案は中国に利益をもたらしていない。たとえばフィリピンは、エリート層に中国系が多く、経済的にも中国が最大の輸入相手国である。しかも長年のアメリカによる支配のため反米感情も根強い。むしろ領有権問題など起こさなければ、今以上に親中国家であることを期待できた国なのである。ところが「チャイナ２・０」、それに続く「３・０」での中国からの攻勢に対抗するために、フィリピンは一度は追い出した米軍に再び戻ってきてもらうよう懇願しなくてはならなくなったのだ。

この「チャイナ3・0」において、習近平がしきりに唱え続けたのが、アメリカとの「新型大国関係」という言葉だった。これを言い換えれば「G2」であり、すべては中国とアメリカ二つの大国で決めていきましょうという提案である。2015年9月、習近平の初めての訪米は、彼にとっては「G2」への道すじをつけるという目的があったのだ。

ところが、その夢はもろくも打ち砕かれた。ワシントンで首脳会談が開かれ、豪華な晩餐会のあった直後、オーストラリアではハリー・ハリス太平洋軍司令官が「われわれはフィリピンから中国を押し返す。中国側が活動を中止するまで、米海軍は中国が領土・領海だと主張している上空や海域を通過しつづける」という演説を行ったのである。もちろんこの演説はホワイトハウスによって事前にチェックされたものだった。

このように「抵抗のないところ（フィリピン）には攻撃をつづける」という「チャイナ3・0」は、アメリカからの外交的な反撃を受け、早くも2015年の段階で、戦略として破綻していたといっていい。

そして２０２０年、「チャイナ４・０」の時代に入ったのである。

コロナ流行後に〝同時多発衝突〟

この年、２０２０年に何があったかといえば、もちろん新型コロナウイルスの世界的大流行である。中国の武漢で最初に発見されたコロナウイルスが全地球規模で広がるなか、中国は批判を集めながらも、国内での収束にいちおう成功し、あまり効かないワクチンを製造して、各国にばらまいている。「チャイナ３・０」までの中国ならば、こうした世界からの批判を受けやすい局面では、コロナ対策の成功だけをアピールしていただろう。

ところが、習近平は奇妙な行動を繰り返している。さまざまな国に対して、同時に強硬な姿勢を示し始めたのである。

まず、スウェーデンとの間に深刻な外交問題を起こしている。香港での言論統制が発端となり、２０２０年2月、中国の裁判所が、スウェーデン国籍の書店経営者、桂敏海氏に対し、「海外への違法な情報提供」の罪状で懲役10年の判決を下したのである。スウェーデン政府は、２０１９年、この桂氏に言論の自由に関する賞を贈っていた。この授賞のときも中国は「報いを受ける」とスウェーデンを脅していたが、さらに、桂氏の釈放を求めるスウェーデン政府を、中国の駐スウェーデン大使が「48キロ級のボクサーが、86キロ級のボクサーに挑み続けている」と揶揄《やゆ》したのである。

　これに対し、スウェーデン議会では同大使の国外退去が提議される騒ぎとなった。２０２０年の4月にはスウェーデン国内の孔子学院と孔子課堂はすべて閉鎖され、さらに9月、同国の宇宙公社が、中国との地上衛星基地の使用契約を「地政学的な情勢の変化を理由に延長しない」と発表している。

　また２０２０年の6月には、インドとの間で領土争いを起こした。場所はヒマラヤに近いラダック地方で、１９６２年の国境紛争でも係争地となった。この紛争で死者が出たのは、１９７５年以来、45年ぶりのことだ。約２５０人の中国人民解放軍の兵士がインドの実効支配地内に侵入し、国境警備をおこなっていた50人ほどのインド兵に襲いかかり、20人を殺したのである。

インド政府はこれに対して、鉄道や道路事業など中国企業による投資案件の停止を表明し、中国からの輸入品に高関税をかけると宣言した。さらに「TikTok」など中国製アプリ２００本以上を使用禁止とし、携帯電話各社に華為技術（ファーウェイ）や中興通訊（ＺＴＥ）との取引をやめるよう働きかけている。その結果、わずか１平方キロほどの領土を奪った見返りとして、アプリを制作していたある中国企業の株価は24時間のうちに70億ドルもの価値を失った。

興味深いのは、これに対する北京側のリアクションだった。彼らはインドの措置が予想外だったようで、「領土争いとビジネスは別の話だ」と考えていたらしいのだ。ここにも習近平の不思議な考え方があらわれている。彼は戦争を仕掛けることと、ビジネスを通常通り続けることが同時に成立すると考えているようなのだ。あるいは、こう言い換えることもできる。北京の人々は他国の安全を脅かし、その国民の命を奪っても、相手が経済、すなわち金の力にひれ伏すだろうと考えているのだ。しかし、これは戦略的には完全に誤った考え方である。「戦略（安全保障）は経済に優先する」、つまり、どれほど経済的に強い結びつきがあろうと、国家としての安全は、それに勝るのだ。別の言葉でいえば、たとえ相手が最大の貿易相手国でも、戦略上の対立が深刻になれば、戦争は始まってしまうのである。

ベトナムに対しても、南シナ海のパラセル諸島付近で、中国海警局の巡視船がベトナムの漁船に体当たりし沈没させている。また、ベトナム東部海域では、中国が特殊軍用機を着陸させていたことも報告されている。

またオーストラリアに対しても地経学的な紛争を挑《いど》んでいる。オーストラリアが、新型コロナウイルスについてＷＨＯ（世界保健機関）の調査受け入れを要求したり、香港やウイグルの人権問題を強く批判したりしていることで、中国は神経を尖《とが》らせ、豪州産の大麦におよそ80％の関税を上乗せしている。ワインには２００％を超える関税をかけて、輸入量をほとんどゼロにするなどの恫喝《どうかつ》を行ったのだ。

まさに「全方位強硬路線」である。戦略上、最も愚かなことは、すべてに対して攻撃を仕掛けることだ。「チャイナ４・０」は「チャイナ２・０」の対外強硬路線に戻ったばかりか、さらに劣化してしまったのだ。

この中国の強硬姿勢を象徴するのが、２０２０年から２０２１年にかけて施行された二つの法律だ。

ひとつは香港国家安全維持法である。その主な内容は、「国家からの離脱、転覆行為、テロリズム、香港に介入する外国勢力との結託などの犯罪を犯した場合、最低３年、最高で無期懲役が科される」というものだが、問題はこの法律が、香港の域外にも適用されることだ。つまり、香港の永住権を有しない者が、香港の外でおこなった行為に対しても、この法律が適用されるのである。つまり、世界のすべての人間が中国の法律に従わなくてはならない、という規定なのだ。スウェーデンで猛烈な反発が起こったのも当然である。

もうひとつは海警法である。現在、世界の国々が守っている国連海洋法条約には、領海、その外側の接続水域、さらに外の排他的経済水域（ＥＥＺ）といった区分が設けられ、その区分ごとに沿岸国が行使できる権利が異なっている。ところが海警法の草案では「内水、領海、接続水域、排他的経済水域、大陸棚および中華人民共和国の管轄下にあるその他の海域」のすべてにおいて、海警局が区別なく権限を行使するとなっていたのだ。

つまり中国は現在、国際社会で守られているルールに縛られることなく、すべて自分で決めた「国内法」によって行動し、他の国々がそれに従うことを求めていることになる。習近平はことあるごとに「内政干渉をするな」と発言するが、それは中国のルールで他国を縛ることも認めろ、という意味なのだ。彼らは「小国は大国に従うのが当然」と考えているので、中国が世界一の大国になって、それよりも小さいすべての国を従わせる、もしくは文句を言わせないようにすることを狙っているのである。

興味深いのは、習近平がコロナによるパンデミックのさなかに「4・0」を始めてしまったことだ。「2・0」の引き金となったのがリーマン・ショックであったように、アメリカやヨーロッパの先進国が次々と多数の感染者を出すのを見て、感染を抑え込んだ中国と自分の力を過信してしまった可能性がある。そして、その判断はまたもや誤っていたのである。

世界規模の「反中同盟」

その結果、太平洋諸国を中心に、「チャイナ2・0」のときを上回る全世界的な「反中同盟」が形成されようとしている。そこには、これまで中国とのビジネスを重視して、その戦略的脅威には反応が鈍かったヨーロッパの国々も参加しているのである。

いま多くのメディアが「米中対立」について論じているが、実は事態はもっと先に行っているのだ。現在進行しているのは、アメリカも参加する、世界規模の海洋国家による反中包囲網の形成なのである。

たとえばオーストラリアだ。オーストラリアにとって中国は輸出の3分の1を占める最大の貿易相手国だ。そこで中国は経済的に恫喝すれば、オーストラリアは引き下がるだろうと考え、圧力をかけた。しかし、キャンベラのエリートたちは、逆に、WHOで中国外しを狙ったり、インドを国連安全保障理事会の常任理事国にするためのロビー活動を始めるなど、中国との戦いの最前線をリードしているのである。

インドをめぐる「同盟関係」も興味深い。中国が今回のような強硬手段に出た背景として、インドの対中防備がこれまで以上に〝本気度〟を上げてきていることが挙げられる。インドは国境の紛争地域まで道路を延長し、その近くに滑走路を建設したのである。この地域は標高５０００メートルもの高地にあるため、これまでは小さいヘリでしか物資を運べなかった。ところが滑走路をつくったおかげで、アメリカから購入したＣ－17という巨大な輸送機が発着できるようになり、インド軍の補給能力は５００倍にも増えたのだ。

Ｃ－17は米軍の主力輸送機であり、長距離飛行ができて、輸送能力がずば抜けている。そのためアメリカは、これまでイギリス、カナダ、オーストラリアなど限られた国にしか売っていなかったのだ。さらに、イギリスとオーストラリアにしか売らない哨戒機Ｐ－８もインドには売っている。アメリカとインドは正式な同盟国ではないが、このような形で、アメリカはインドを支援しているのだ。またオーストラリアはアメリカの支持のもと、ＮＰＴ（核兵器不拡散条約）に加盟していないインドへのウラン売却も決めている。なぜそうした〝特別扱い〟をするかといえば、中国という脅威を共有しているからにほかならない。

またアメリカとインドは、ともにベトナムの支援も行っている。日本の海上自衛隊や海上保安庁もベトナムのハイフォン港やダナン港に艦船を寄港させ、防衛交流を重ねている。

そこで重要なのは、クアッド（日米豪印戦略対話）の存在だ。これは２００６年に日本の安倍首相がもちかけたものだ。特に各国の海軍の関係はますます緊密で「リアル」なものに進化しており、そこにカナダ海軍も加わりつつある。

ただし、韓国は参加しない可能性が高いだろう。韓国は中国からの独立状態を保つ意志に乏しいからだ。北朝鮮のほうが中国からもアメリカからも独立状態を保ちたいという意欲が強い。もし韓国がクアッドに参加すると、かえってクアッド自体を弱める可能性がある。ＡＳＥＡＮにおけるカンボジアのようなものだ。中国に対抗して何かを決めようとすると、必ずカンボジアが「ノー」と言い出すのだ。ラオスも中国を怒らせたくない。だからＡＳＥＡＮは参加国の国益を守る機能が果たせていないのだ。

ヨーロッパ諸国の〝参戦〟

ここへきてヨーロッパもこの〝同盟〟に参加しようとしている。たとえばフランスだ。２０２１年４月、クアッド４カ国の海軍はフランス海軍とともに、インド洋の北東部にあるベンガル湾で合同演習を行った。フランスはインド洋にレユニオン島という海外領土をもち、中東のアブダビ、アフリカのジブチなどにも海軍基地がある。仏領ポリネシアなどに２００万人のフランス国民が住んでいるインド太平洋国家でもあるのだ。２月にはフランス海軍の攻撃型原子力潜水艦が支援船を伴って、南シナ海を巡回してもいる。

８月にはドイツからも南シナ海へのフリゲート艦の派遣が計画されている。マラッカ海峡を通り、オーストラリアに寄港して、日米英豪などの艦船とともに朝鮮半島沖で、北朝鮮の密輸行為などを監視する、というものだが、ドイツの戦艦がアジアにやって来ること自体まさに異例で、反中国の包囲網への参加が裏のテーマであることは明らかだ。イギリスも最新鋭空母「クイーン・エリザベス」を中核とする空母打撃群９隻を極東に派遣している。

さらに驚くべきは２０１９年４月に、フランスのフリゲート艦「ヴァンデミエール」が台湾海峡を通過したことだ。これは中国の動揺を誘った。中国軍の船はこれを追跡し、後にフランスに対して抗議と観艦式への招待の取り消しを行った。このとき中国の抗議の内容は、「この通過は中国の主権の侵害だ」というものだった。これが意味するのは、北京がやはり台湾と本土との間の海峡を「内海」にしようと考えており、航海の自由の原則を認めないということである。もうひとつ重要なのは、中国が抗議とパーティに呼ばないこと以外には、何もできなかったということだ。実際に本格的な戦闘となったら、自国の艦船が敵の潜水艦によって沈められることがわかっているからだ。つまり台湾海峡の制海権は、中国にはないのである。

そしてさらに言えば、この「反中同盟」にはシークレット・ゲストが存在する。ロシアだ。ロシアと中国は表面上、愛し合っているカップルのようにふるまっている。たしかに日本の沖合の上空で長距離爆撃機を一緒に飛ばすようなことはやっており、これを見せつけることで「もしわれわれの扱いを間違ったら痛い目にあうぞ」というメッセージを出している。

しかし、その実態はどうなのだろうか。

タジキスタンに「アイニ」という小さな町がある。長い滑走路をもった空軍基地が置かれロシアの最新式のスホーイも配備されている。ここで問うべき疑問は、なぜロシアがタジキスタンに最新鋭の戦闘機を置いているのか、ということだ。中国と共同でウズベキスタンの空軍と戦うためではないはずだ。

もし解像度の高い人工衛星からの画像であれば、そこにあるスホーイはロシアのものではないこともわかる。ここに置かれているスホーイはインドのものだ。ラダックで国境紛争が起こったすぐあとに、タジキスタンのアイニ空軍基地に来ているのである。行ってみればすぐにわかるが、この基地はインドが管理している。

インドへの主要な兵器の供給元はロシアだ。中国と戦争寸前まで行った国に、兵器を供給しているのだ。ベトナムも兵器の主な供給元はロシアである。

ベトナムの兵器はニュージーランドと戦うためのものではないし、インドの兵器はオーストラリアと戦うためのものではない。これらの狙いはあくまでも中国だ。たしかにロシアは中国と共同で警戒飛行を行っている。これは「イメージ」のレベルである。だがその一方、中国の敵たちに最新鋭の兵器を供給し続けている。それが「現実」のレベルなのだ。

これほどまでに多くの国々が反中包囲網に参加しつつあるのは、言うまでもなく、「チャイナ4・0」に対する防御反応である。中国が対外圧力を強めれば強めるほど、反中包囲網もまた強度を増していく。だから「チャイナ4・0」は最悪の選択なのだ。

「同盟の戦略」が理解できない中国

この章の最後に論じておきたいのは、なぜ中国は戦略的に最悪の選択をし続けるのか、ということだ。中国の指導者層には高度な教育を受けた知的水準の高い人たちがとても多い。しかし戦略はいつも間違ってしまう。

これについては、私は文明論的な仮説をもっているのだが、それは後の章で論じるとして、ここでは戦略論の観点から述べてみよう。

『中国4・0』でも指摘したことだが、中国には「シーパワー」すなわち海軍力と、「マリタイムパワー」＝海洋力の違いが理解できていない。これは中国が大陸国家であって、海洋国家ではないことも示している。

海軍力とは艦船の数やそのスペック（性能）、乗組員の能力や士気、統制のとれた運用などで決まるものだ。つまりは、その国家がどれくらい海軍に投資できるかによっており、言い換えれば、その国の内部で完結できる話だ。

それに対して、海洋力とは、海軍力の上位にある概念だ。それは自国だけではなく、他の国との関係性で決まるのである。

典型的な海洋国家であるイギリスの強さは、単に狭義の海軍力、船の性能などだけによるものではない。友好国との軍事、外交、経済、文化など総合的な結びつきの強さに基づくものだ。そうした関係からは、たとえば港湾施設の利用や燃料の供給、船の整備にはじまり、海や気象の状況や敵国の内情といったさまざまな情報など、有形無形の支援や協力がもたらされる。よく知られた例だが、日露戦争でのバルチック艦隊は、イギリスを敵に回したために、イギリスのコントロール下にある港を利用することができず、日本海にたどりつくのがやっとだった。これが海洋力だ。

一方、海軍力とは、すべての武力がそうであるように、強大さを増すほど、周辺国に恐怖を与える。中国がせっせと艦隊を巨大化させていくほど、周囲の国々はそれを嫌がり、自国の港に近づかないでほしいと思うようになる。つまり、中国は海軍力をつけた分だけ、海洋力を失っていったのである。

こうしてみると、海洋力とは「同盟の戦略」であることがわかる。

戦略のパラドックスのひとつに「大国は小国に勝てない」というものがある。私はこれを繰り返し説明しているが、すぐに理解できる人は少ない。大国のほうがパワーがあり、一対一で戦えば勝てるに決まっているからだ。

問題は「一対一で戦えば」というところにある。戦略はスポーツではない。一対一で戦わなければならない、などというルールはどこにもないのだ。前にも述べたように、大国と小国が衝突したとき、小国に味方する国があらわれる。なぜなら、「次は自分が狙われるかもしれない」と考えるからだ。別の大国も、「このまま大国が小国をのみこむと、さらに強くなり、あとあと厄介なことになる」と考えて、小国を支援する側に回る。

ここでも同盟がうまいのはイギリスだ。ヨーロッパを席捲したナポレオンを相手に、反仏同盟をつくりあげ、ワーテルローの戦いに勝利したのである。その際に見事だったのは、どんなに弱い国でも同盟相手として排除しないことだった。「あんなちっぽけなところでも加えてもらえるのか」と、躊躇《ちゅうちょ》していた国が次々と参加してきたのである。

そのイギリスでさえも、アメリカ独立戦争では、「大国は小国に勝てない」という法則を実証することになってしまう。ライバル国であるフランス、スペイン、オランダが「小国」のアメリカ側に立って参戦した。さらにはアメリカに物資を運ぶ中立国の船に対し、海上封鎖を行ったところ、反発したロシア、スウェーデン、デンマーク、プロイセン、ポルトガルに武装中立同盟を結成されてしまう。国際的に孤立したイギリスは、まさに同盟の戦略に敗れたのである。

ことあるごとに「小国は黙っていろ」と公言する中国は、この「同盟の戦略」がどうしても理解できない。だから、小国を屈伏させようと2国間協議を持ち出すのだが、ベトナムのようなしたたかな国はこれに応じないのである。

たとえば香港はイギリスから強力な支持を得ている。ジョンソン首相は香港の住民に特別ビザを与えるという方針を発表したほどだ。おそらく豊かで優秀な香港の人々は数多くイギリスに渡ることになるだろう。オーストラリア、EU（欧州連合）からも中国への非難は高まっている。さらにはベトナムやシンガポール、日本のような自由を信奉する周辺国も、香港に共感している。つまり香港問題は米中ではなく、中国とその他の国々との対立という構図になりつつあるのだ。一方、中国の香港に対する姿勢を支持する国は、ベネズエラ、パキスタンぐらいだろう。

アメリカが「G2」のような議論に反応しないのも「同盟のパワー」を知悉《ちしつ》しているからだ。アメリカの強さは、アメリカ自体の国力に加え、イギリスやオーストラリア、カナダ、EU、日本など世界の主要な国々との同盟関係にある。それを抜きにして、中国との2国間交渉を行うメリットはどこにもない。おそらくアメリカで中国との「G2」を支持していたのは、ヘンリー・キッシンジャーただ一人だっただろう。

ひるがえって中国の「同盟国」を数えてみればいい。貧しくて腐敗した指導者を持つ国か、ロシアのような「偽りの恋人」しかいない。中国が長《た》けているのは、貧しい国の腐敗した指導者たちをさらに腐敗させることだ。だから、中国をいっそう追い詰めるには、そうした国々に投資を行って豊かにしていけばよいのである。

第2章　米中対決　勝者はどっちだ?

バイデン政権の対中政策

２０２０年11月の大統領選で、ジョー・バイデンがドナルド・トランプを破ったとき、北京ではアメリカがトランプ政権の反中的な政策をやめて、中国との対話に向かうはずだと期待していた。しかし、実態はまったく違った。中国への対決姿勢は変わらなかったのだ。これはアメリカと中国の対立が、大統領のパーソナリティや、政権与党が共和党か民主党かといった次元ではなく、国家戦略のレベルのものであることを意味している。

その米中対決の主な戦場としては、戦略的領域（軍事と外交）と、地経学《ジオエコノミクス》的領域（経済とテクノロジー）が挙げられる。

バイデン政権における重要閣僚、つまり国務長官や国家安全保障担当補佐官などの顔ぶれをみると、中国に対する基本路線は変わらないことがわかる。特にテクノロジー関連での中国のルール違反に対しては、これまで以上に厳しく当たることが予想されるからだ。

安全保障面では、台湾問題への言及も目立つ。２０２１年4月の日米首脳会談でも共同声明に盛り込まれたのにつづき、6月に行われたＧ7サミット（主要7カ国首脳会議）の首脳宣言でも、「台湾海峡の平和及び安定の重要性を強調し、両岸問題の平和的な解決を促す」とはじめて言及された。

また、人権や民主主義の問題に関しては、トランプ政権よりもさらに厳しく当たるはずだ。トランプ大統領は人権についてほとんど関心を示さなかったが、バイデン政権のチームは香港やウイグル、モンゴルの人権侵害を重要な問題として押し出してくる。Ｇ7首脳宣言でも「新疆《しんきょう》ウイグル自治区における人権や基本的な自由、そして香港の高度な自治を尊重するよう求める」と強調している。ここで大きいのは、人権についてはオーストラリアや、特にヨーロッパ諸国が敏感に反応し、中国への批判を強めていることである。

そこに地球規模の環境問題もつけ加えたい。中国は南シナ海で人工島を建設する際、グレートバリアリーフの3分の1に相当するサンゴ礁を破壊している。もっと重要なのは新型コロナウイルスに関する中国の対応だろう。これも後に詳しく論じたい。

バイデン政権で注目すべきは、トランプ大統領の訴追を行わなかったことだ。実はバイデンは2016年、トランプ大統領が当選したときも、選挙結果を否定するような発言を拒否したし、ウクライナ疑惑でのトランプ弾劾《だんがい》も（自分の息子について、極端な挑発をされたにもかかわらず）棄権している。その意味で、アメリカ国民に向かって分裂ではなく宥和《ゆうわ》を訴え、「癒《い》やしをもたらす人間」としてアピールすることができるだろう。

だが懸念材料もある。それはオバマ時代の国務長官、ジョン・ケリーだ。彼はバイデン政権で気候変動問題の担当特使に任じられたが、交渉人としては世界でも最もレベルが低い部類に入る。彼が国務長官時代に行ったイランとの核合意は、イランが何も実行しないうちに一方的に制裁を解除するという、まさに最悪のバーゲニング（取引）だった。そもそもジュネーブでの交渉が始まる前から、「合意がなければこの地を離れない」などと公言したのである。これは「おたくの商品を絶対に買う。では、いくらにしよう?」と持ちかけるようなものだ。

環境問題については、日本やアメリカが石炭による火力発電所を減らしているなかで、中国は逆に増やしているという現実がある。しかし、中国に「将来、減らす」と言われただけで、ケリーは喜んで大きな譲歩をしかねないのだ。

このような人物はもう一人いる。オバマ政権で国家安全保障担当補佐官だったスーザン・ライスだ。今回は悪さをしないように、「国内政策会議委員長」という名の、いわば子ども用の柵の中に入れられている。彼女は「中国は競争者ではあるが、敵対者ではなく、近隣諸国を不法に占拠しているわけでもない」と主張しており、中国はライスを非常に気に入っている。それは親中派だからではなく、非常にだましやすいからだ。

以前、私は彼女と話をしたことがあるが、どうも彼女は中国をバヌアツやキリバスのような小国、もしくは誕生したばかりの南スーダン共和国のように「簡単に影響を与えられる国」だと考えているようだった。

かつてニクソン大統領は毛沢東に対して「あなたは中国をつくりかえましたね！」と称賛したことがある。それに対する毛沢東の答えは「いや、変えることができたのは北京とその周辺の村くらいですよ」というものだった。それほどまでに中国を変えるのは難しいのだが、彼女は中国をアメリカの都合のよい形につくりかえることができると信じているのである。

「世界最大の海軍」の実力

では、米中対立に話を戻そう。まず戦略、すなわち軍事と外交の分野から見ていきたい。

安全保障においては、すでに米軍は10年以上前からアジアへのシフトを志向していた。

その象徴が、オバマ政権だった２０１０年になされた、ヒラリー・クリントン国務長官による「アジアへの基軸転換（ピボット）」演説だ。この演説でクリントンは、アジア太平洋地域での領土や海洋をめぐる紛争などに対応すべく、アメリカ軍の兵力態勢を強化すると宣言したのである。

ところがその後、オバマ政権はイラクの村の治安やアフガニスタンの部族の問題に深入りしすぎてしまい、アメリカの大戦略を迷走させてしまった。それがトランプ政権になって、中東への介入は無益であるという結論が出された。したがって軍事部門の関心も、ようやく本筋に戻り、中国に集中し始めているのだ。中東に深い思い入れのあったジェームズ・マティス元国防長官もホワイトハウスを去り、彼らは米軍内でも旧世代となりつつある。

この戦略分野を、さらに二つのレベルに分けて考えてみよう。

ひとつは純粋な軍事力であり、兵士や兵器の数と質、戦術立案能力と実行能力、国民の士気などの領域だ。もうひとつは外交力であり、これは「同盟の戦略」に属していて、前章ですでに詳しく論じた。

では、軍事力の領域で、米中のパワーバランスはどのようなものなのだろうか。

２０２０年９月にアメリカ国防総省は「中国の軍事力についての年次報告書」を公開し、中国の海軍力はアメリカを凌駕《りょうが》し、「世界最大の海軍を保有している」と発表している。またアメリカ海軍大学校やランド研究所などのシミュレーションでも、中国が台湾に侵攻した場合、中国海軍が勝つという結果が出たことが、ニュースとして報じられた。

しかし、ここで考えなくてはならないのは、彼らがなぜこうした発表を行うのかということだ。彼らがやっている戦力分析やシミュレーションの目的はただひとつ、連邦議会に対してもっと艦船を購入してくれるように説得することにあるのだ。

台湾有事に備えて何をなすべきかは後で詳しく論じるが、ここではひとつだけ重要な事実を指摘したい。国防総省のいう「世界一の海軍」とは艦船の数などを指しているが、アメリカの攻撃型原子力潜水艦がたった3隻あれば、台湾海峡のすべての中国艦船を撃沈できるということだ。

1982年のフォークランド紛争において、イギリスは1隻の原潜を南大西洋で潜航させていたが、このたった1隻によってアルゼンチン海軍は敗北した。原潜からの魚雷が、アルゼンチン海軍最大の軍艦「ヘネラル・ベルグラノ」を沈めたのだ。

ところが米海大などがシミュレーションを行うときは、原潜を考慮に入れることはない。これを入れてしまうと、ゲームそのものの目的を潰してしまうことになるからだ。

原潜だけでなく、総合的な海軍力でいえば、アメリカが圧倒的であることは疑いがない。たとえば空母に関しては、今後30年、何も対策を打たなかったとしても、アメリカの優位は変わらないだろう。これは戦闘機同士の戦いでも同様だ。

中国もアメリカもそれはよく分かっている。だから軍事力による直接的な衝突の可能性は、現時点ではきわめて低い。したがって戦略分野での主戦場は、もっぱら前章で論じたような外交戦略の領域となっているのだ。そして、その「同盟の戦略」の領域では、中国はさらに弱いのである。

そもそも軍事力を比較する場合、兵器の総数などを比較するのはあまり意味がない。なぜなら、どんな軍の構成が有効かは「シナリオによる」としか言えないからだ。どこでどのような紛争を行うかによって、有効な戦力は変わってくる。たとえばベトナムのジャングルやアフガニスタンの山地での戦いを思い出してみればいい。米軍がいかに圧倒的な兵力を有していても、その威力を十分に発揮させなければいいのだ。

もうひとつ、中国軍について指摘しなければならないのは、彼らがほとんど勝利したことのない軍隊であることだ。

　たとえば中国海軍は敵の船を沈めたことがない。ベトナムの巨大な漁船を沈めたことがあるが、それは非武装の船だった。もちろん中国海軍は艦船の数を増やしているし、その性能も向上している。制度化された組織やピカピカの制服なども用意できている。それでも彼らが他国の公式な海軍の船を沈没させたことはないという事実には変わりない。これまでの歴史、とくに近代の歴史において、他国の海軍の艦船を沈めたことのない海軍をもっている国が戦争に勝ったためしはない。

　海軍についてはそもそもまともな海戦を経験していないので、強いか弱いかは判断できない、というのであれば、陸軍の戦歴をみてみよう。たとえば日中戦争では、戦闘においては、ほとんど常に日本軍がわずかな兵力で中国側を圧倒していた。朝鮮戦争の「長津《ちょうしん》湖の戦い」などでも、中国人民志願軍は激戦の末、国連軍となっていた米海兵隊を撤退させたが、数でまさっていた中国側が圧倒的な被害を出したことがわかっている。ベトナムに侵攻した時も負けている。このように、人民解放軍の陸軍の弱さは歴史的に証明されているのだ。

これを文化論として考察することも可能だ。たとえば日本では６５０年以上にわたって武士による統治が行われていた。近代に入っても、軍人出身の首相は少なくない。アメリカでもほとんどの大統領が軍隊経験を持ち、ワシントンやリンカーン、セオドア・ルーズベルト、アイゼンハワーなどは軍の指揮官としても実績を残している。イギリスのチャーチルやフランスのナポレオン、ドゴールの例を挙げてもいいだろう。つまり、これらの国には戦うことを尊重する文化がある。それに対して、中国は素晴らしい料理を生み出し、博物館を飾るような見事な文物を数多くつくってきた高度な文明がありながら、軍事を軽侮《けいぶ》する伝統が顕著《けんちょ》にみられる。そもそも中国が領土を拡大した時期は、元や清に代表されるように、異民族による征服王朝なのだ。漢民族はあらゆる点で優秀だが、戦争だけは拙劣なのである。

主戦場は地経学的領域

つづいて地経学的対立について論じてみよう。実はアメリカと中国の真の戦場は、経済とテクノロジーの領域にある。なぜなら、軍事的には中国はいまだアメリカに対抗できる力がなく、外交戦略においては、中国に対峙しているのは、アメリカ一国ではなく、すでにより広範な反中国同盟だからだ。

地経学的な戦いとは、兵士によって他国を侵略する代わりに、投資を通じて相手国の産業を征服するというものである。

経済を武器として使用するやり方は、過去においてもしばしば行われてきた。ところが中国が特殊なのはそれを公式に宣言していることだ。その典型が「中国製造２０２５」である。これは単なる産業育成ではなく、たとえばＡＩの分野に国家が莫大な投資を行うことで、他国の企業を打倒すること、そして、それによって中国政府の影響力を強めることが真の狙いなのである。その意味で、中国は国営企業、民間企業を問わず、「地経学的戦争における国家の尖兵《せんぺい》」だ。たとえばイギリスがアジアを侵略する際の東インド会社のような存在なのだ。

後に詳しく述べたいが、中国企業がスパイ行為などにより技術の窃盗を繰り返したり、貿易のルールを平然と破ったりするのは、それがビジネスであると同時に、国家による戦争だからだ。トランプ政権になって、アメリカがそうした行為を厳しく咎《とが》め、制裁を行うようになったのも、それを正しく「地経学的戦争」だと認識したからであり、だからこそ政権が交代しても、対中政策は変わらなかったのだ。

トランプは２０１８年３月に鉄鋼25％、アルミニウム10％、さらに中国からの輸入品６００億ドル分にも追加関税をかけると発表した。そして７月から９月にかけて２５００億ドル分の中国製品に追加関税をかけたのである。これらの措置は中国経済に大きなダメージを与えた。この関税戦争は、２０２０年１月に、トランプ大統領と中国の劉鶴《りゅうかく》副首相が合意書を交わすことで一応の収束をみたが、地経学的臨戦態勢は続いている。バイデン政権になっても、トランプ時代におこなった中国への追加関税は維持されたままなのだ。

「労働団体」の存在しない国

具体的にみていこう。中国経済の実態はいかなるものなのだろうか。そして、その強みと弱みはどこにあるのだろうか。

中国が旺盛な生産力を持っているのは確かだ。労働者たちは非常に頭が良く、勤勉に働く。なんといっても人口が多いから、労働者は溢《あふ》れており、そのために賃金は低く抑えられる。

そのうえ国家が工場のために土地を用意し、道路や港、空港などを整備し、電力を供給するなどのインフラを充実させている。中国は製造業者にとっての楽園といっていいだろう。

ここで大きな矛盾がある。共産党が支配しているはずの中国に、「労働団体」が事実上存在しないことだ。「工会」という工人＝労働者の組織は認められているが、ストライキ権もないし、団体交渉権もない。中国の憲法には「人が人を搾取する制度はすでに消滅した」と規定されているからだ。

あなたが中国の工場で働いていたとする。そこでは勤務中にトイレに行く時間すら十分に与えられない。しかもトイレに行っている時間は、給料から天引きされてしまううえに、そもそもトイレの数そのものが少ない。

そこで同じように、トイレをもっと増やしてほしいと考える仲間たちと企業側に働きかけようとしたら、どうなるだろうか。警察がやってきて逮捕され、「再教育」を受けることとなる。なぜなら、あなたは「危険な社会主義者」であり「過激な組合活動家」だからだ。

これもひとつの逆説だが、中国共産党は共産主義を信じておらず、労働者の権利を認めていないのである。それが中国企業の「強み」のひとつなのだ。

これがインドだったらどうだろうか。もちろんインドにも勤労意欲が高くて頭の良い労働者はたくさんいる。ところが地方政府は工場完成まで道路を整備しようとせず、工場の建設自体が劇的に遅れてしまう。しかもインドには労働組合があり、対応を誤ると、彼らの強烈な抵抗にあう。そもそも工場を建てるための土地にしても、農家が抵抗したら、用地買収自体がストップしてしまう。一方、中国では農民が首を縦に振らなくても、当局がブルドーザーをもってきて土地を更地にしてしまえばいいのだ。

毛沢東は自分の理想を実現するために、6000万人ともいわれる国民を犠牲にしたのだが、その結果生まれたのは、このような「資本主義のパラダイス」だったのである。

なぜジェットエンジン開発は後退したのか?

一方、中国の企業に欠けているものがある。それは「持続的かつ自前の革新的なテクノロジーの開発」だ。特に枢要な基幹技術において、中国はなかなか革新的な技術を生み出せないのである。

実は、現在の中国はイノベーションの起こしやすい社会だ。中国共産党は文化大革命のような破壊的な改革などを経て、それまで中国に根づいていた社会的・宗教的慣習、伝統文化などを解体した。それらは共産党の支配を邪魔するものだったからだ。家族などのコミュニティも弱体化し、個人が孤立するようになった。その結果、個人がイノベーションを起こすには都合の良い環境が生まれたのである。さまざまなしがらみがなくなり、共産党の縛りに抵触しない限りは、父や母、叔父や叔母、上司に気兼ねすることなく、新しいことができるからだ。

では、なぜ革新的な技術開発がなされないのだろうか。

テクノロジーにおいては、大きなイノベーションを起こすのに「チームワーク」が決定的に必要になる分野がある。ソフトウェアの開発ならば、一人の天才の力で全く新しい道を切り拓くことができるだろう。しかし、ジェットエンジンの開発となるとそうはいかない。科学者やエンジニア、熟練工たちが協力し、数年にわたってプロジェクトに取り組むことで、はじめて革新的な技術が生まれるからだ。

たとえば中国東北部に瀋陽《しんよう》という町がある。人口８００万人を超える巨大都市で、そこにはエンジンの開発拠点がある。ＷＳ-10やＷＳ-15など、バイパス比の低いターボファン式（超音速の戦闘機用）のエンジンだ。

ＷＳ-15はまだ完全には実用化されていないが、ＷＳ-10は10年以上前から実用化されている。ところが、実用化後にエンジン開発は後退した。開発チームが解散してしまったからである。

なぜ解散したのか調べてみると、開発担当主任が、他社の担当部門のトップの仕事に魅力を感じて辞めたり、開発チームのメンバーが義兄の経営している麺の専門店が大変繁盛しているので、そちらに転職するといった事態が続いたためだ。

その結果、ジェットエンジンに不可欠なコンピューター用の集積回路をつくることができず、イギリスのアーム社のテクノロジーに依存することを余儀なくされた。また集積回路の製造には、シリコンを細かくカットする技術が必要で、最先端のものになると少なくとも7ナノメートル（1ナノメートルは10億分の1メートル）まで刻まなければならない。そうした工作機械をつくれるのは、日米、そしてオランダの会社だけだ。

中国では、このような「チームワーク」が必要とされる技術を開発することができない。人材が常に入れ替わるからだ。

これと対照的なのが、イギリスのロールス・ロイス社だ。同社のジェットエンジンが開発されている工場はダービーという町にあるが、そこには長年ロールス・ロイスのために働いてきた、ジェットエンジンを開発するためのコミュニティが存在している。良いエンジンをつくるとは、そうした持続的な営みなのである。

ジャック・マーへの「天罰」

中国の企業において、もうひとつ欠けているのは、経営者の自由と安全だ。先に中国は「資本主義のパラダイス」だと述べたが、「エデンの園」と言い換えたほうがいいだろう。楽園ではあるが、神の意思に背くと罰を受けたり、追放されたりするおそれがあるからだ。

ジャック・マーといえば巨大企業アリババグループの創業者であり、中国一の富豪のひとりである。その彼が実質的に経営権を握っている金融大手、アントグループが、２０２０年11月に株式市場に上場される予定だった。その規模は日本円にして３兆６０００億円というものだった。ところが、その直前になって、中国当局は新規公開株の取引中止を命じ、さらにアリババを独禁法違反容疑で捜査しようとしている、と報じられたのである。そして、マー自身は３カ月近くも公の場から姿を消す騒ぎになった。

こうした一連の動きには、ジャック・マーの言動が原因だったという見方がある。たとえばアントグループの上場の前に行った、「中国の金融は管理する力は強いが、正しく監督する力は明らかに足りない」、「時代錯誤の規則が、中国の技術革新を窒息死に追い込む」といったマーの発言が中国当局の逆鱗《げきりん》に触れたというのだ。

そうだとすると、ジャック・マーの自己認識は間違っていたといえる。彼は自分をビル・ゲイツやマーク・ザッカーバーグ、それにジェフ・ベゾスのような存在だと考え、経済を支配できるかのように振る舞ってしまった。しかし、実際のところ、彼はアメリカの有名な実業家たちとは違う。たとえジャック・マーといえども、中国においては「臣下」でしかなく、「市民」ではないのだ。そのために、「皇帝」から頭をもっと下げるよう打ち据えられたのである。

客観的に見ると、習近平がやっていることはアリババという金の卵を生むニワトリからエサを取り上げたり、よろよろになるまで追い回したりするような愚劣な行為に映る。ところが習近平自身が求めているのは、国内での絶対的な権力の維持であり、国民やビジネスや産業に対して常に優位を保つことなのだ。習近平はジャック・マーのカリスマ的なパワーや、その経済力を妬《ねた》み、それを貶《おとし》めることで身の程をわきまえさせようとしたのである。

このことは、いまの中国の本質を示すものだ。

たとえば中国ではＡＩ技術を利用した国民管理体制が発達している。時に、これが西側社会よりも「進化」した情報社会だと論じられることもある。中国自身、コロナ・パンデミックに際し、これらの情報技術を動員して、感染抑制に成功した、と内外に向かって喧伝《けんでん》している。

たしかにこれは「習近平にとっては」進化した社会だといえる。しかし、習近平を除く、そしてジャック・マーを含む中国人にとっては、尊厳を奪われた社会というほかない。従属と尊厳は両立しない。独裁体制とは、国民に対して実にさまざまなことを指示するものだ。いつ結婚すべきであり、いつ妊娠すべきか、子どもの数は何人か、何を言うべきで何を言ってはいけないのかなど、いちいち命じられる。そしてあるとき、皇帝の指名によって、ジャック・マーのように突然「自由」を剝奪《はくだつ》されるのだ。

ちなみにコロナ対策について忘れてはならないのは、中国は根本的にはその無能ぶりをさらけ出してしまったということだ。新型コロナウイルスが武漢の研究所によってつくられたものかどうかは、おそらくすべての証拠が破壊、隠滅されただろう今となっては検証できないが、少なくとも、このウイルスを世界に広めてしまったのは、中国の政治的判断だったのである。

流行発生当時のことを思い出してほしい。武漢では２０２０年1月6日から武漢市の人民代表大会が開かれ、12日からは湖北《こほく》省の人民代表大会と政治協商会議が開かれた。そして、19日には、4万世帯もが集う春節（旧正月）前の巨大パーティが強行されたのである。習近平が武漢の閉鎖を指示したのはその後のことだ。

しかし、その後のプロパガンダ戦においては、中国は大きな成功を収めたといえる。発生源をうやむやにしたことにおいて、ＷＨＯの貢献は多大なものだった。

さらにいえば、中国はワクチン開発においては、科学的な劣位が明らかになってしまった。彼らのワクチンは、西側のアストラゼネカ、モデルナ、ファイザーのワクチンに比べ、旧式で効果が低いことが示されている。ワクチンそのものに限っていえば、中国はソフトパワー（軍事や経済ではない分野における文化的な魅力のもつ影響力）において敗北しているのだ。

国家ぐるみのスパイ戦

では、中国はどのような地経学的戦争を仕掛けてきているのだろうか。

その戦術は二つの要素から成り立っている。

ひとつは政府による企業への投資だ。これは多くの国でも行われている産業政策だが、中国はそれを大規模に徹底して行っている。

重要なのは、もうひとつのほうだ。それは莫大な「産業スパイ」による技術の窃盗行為である。

中国の産業スパイ活動は史上類を見ないほどの規模で遂行されている。ソ連はその最盛期には、アメリカ国内に10人程度のプロのスパイを潜ませていた。ところが現在の中国が送り込むスパイは、５００人から２０００人ほどにのぼると考えられている。

なぜなら、留学生や研究者、企業の技術者たちを「スパイ」として活用しているからだ。そのため他の国なら数十年かかるスパイ活動を、中国はたった数年間で行ってしまうのである。

その主な手口としては、ひとつには米国内で優秀な人材を雇い入れることだ。その際に多額の報酬と引き換えに「いま働いている会社からパソコンやメモリーなどに入っている機密情報を持ち出せないか」と持ちかけるのである。

もうひとつは中国政府との合弁会社を用いるものだ。中国の企業は、民間企業の形をとっていても、国家からの資金援助や、ライバル会社に入りこんだスパイから情報提供を受けることで成り立っている。企業そのものが、国家ぐるみのスパイ戦争の尖兵なのである。

しかも2017年には中国国家情報法が施行された。そこには「国家情報機関は、関係する機関・組織・個人に対して、必要な支持、援助及び協力の提供を要求することができる」、「いかなる組織及び個人も、国家諜報活動に協力し、国の諜報活動に関する秘密を守る義務を有し、国は、諜報活動に協力した組織及び個人を保護する」と明記されている。つまりすべての中国人に、国に要請されたらスパイとして活動することを強制しているとも読める法律なのだ。

国家による投資はいいとしても、産業スパイ活動に対しては放置しておくことはできない。それはビジネスのルールそのものを破壊してしまうからだ。

当然、こうしたスパイ行為は、安全保障に関連する企業に対しても行われる可能性が高い。国家による企業への有形無形の支援とスパイ行為が結びつくと、中国企業との取引や技術面での連携そのものが、経済ばかりか安全保障をも脅かすことになってしまう。

こうした実態が明らかになってきたとき、態度を変更したのがアメリカのテクノロジーロビーだった。それまでテクノロジーロビーには、中国に対する警戒感は乏しかった。グーグルなどは、アメリカ国防総省への協力を拒否し、人民解放軍との「軍民融合」を行っている中国の有名大学と共同研究を行っていたほどだ。むしろ彼らは、中国に高関税をかけることに反対していた。部品などの供給が阻害されるからだ。

また、こうしたテクノロジー系企業には多くの優秀な中国系アメリカ人が働いている。彼らを中国系だという理由で採用しないと、差別になってしまうからだ。

しかし、そうしたテクノロジーロビーでさえ、米政府に助けを求めるようになっている。利益の源となる技術や情報を守るために、対中強硬派に転じたのだ。

これまで中国にとって有利だったのは、西側の利害が分裂していたことも大きい。テクノロジー企業もそうだが、欧米の政府も中国とのビジネスを優先し、何らリアクションをとってこなかったのである。しかし、状況は変わりつつある。安全保障において、太平洋の周辺国家やヨーロッパで「反中同盟」が形成されていったように、テクノロジーをめぐる地経学的戦争においても、中国の侵略に対し、連携して立ち向かうという動きが始まっているのである。

台湾有事、いかに備えるか

最後に台湾有事に備えて、何をなすべきかに触れておきたい。この章の初めにも述べた通り、いきなり中国が台湾に侵攻し、アメリカと武力激突する可能性は高くはない。習近平はいつでも台湾を占領できる、といった姿勢は崩していないが、人民解放軍は実際の動きを示していない。アメリカの介入を回避しながら、台湾に揚陸艦を差し向けて着上陸することは不可能だとわかっているからだ。

しかし、エスカレーション（脅威の増大）はすでに起きている。台湾海峡での中国海軍によるパトロールは行われているし、もっとあからさまな恫喝もなされている。２０２１年に入るころから、台湾の公安関係者や軍の高官たちは、中国から「事実を認めろ。統一を果たしたら、君たちはまっさきに愛国的ではない国民として処罰されることになる。台湾の独立ではなく、北京側について愛国者として働け。アメリカは守ってくれないぞ」といった内容のメッセージを受け取っているのだ。

一方、中国に対して、アメリカもメッセージを発している。前にも述べたように２０２１年４月、バイデン大統領と菅義偉首相による初の共同声明で、「台湾海峡の平和及び安定の重要性を強調し、両岸問題の平和的な解決を促す」と明記されたことは記憶に新しい。これは、まだ日米両国が北京政府と国交を結ぶ前、１９６９年の佐藤栄作・ニクソン会談以来のことだ。

バイデン政権は、大統領就任式に台湾側の外交官を招き、大使級による外交交流を始めている。トランプ政権のときよりも、台湾へのコミットメントをエスカレートさせたのだ。

では、日本のとるべき立場はどんなものか。

もし北京が台湾を武力で併合すると、日本は安全保障面での多大な損失を被ることは間違いない。台湾が占拠されてしまえば、自分たちが安全であるという感覚は劇的に失われることを、日本の政府も国民もよく理解している。経済的にも、東京の株式市場がパニックになるほどの暴落を経験するだろうし、大災害級の富が失われることになる。

その一方で、1972年以来、日本が正式に国交を結んでいるのは北京政府だ。その意味で、日本が台湾と安保条約を結ぶようなことはありえない。

つまり、日本政府は、中立の姿勢を崩すことなく、台湾を守るための努力に参加しなければならないのだ。

中国が台湾を攻撃した場合、日本は公式には中立である。ところがアメリカが台湾防衛に乗り出すと、日本の自衛隊は米軍を助けることになる。たとえば沖縄から米軍が航空機を発着させることになれば、自衛隊は自国の領土として沖縄を守ることになる。

このように日米安全保障条約の観点から見ても、日本は台湾危機に自動的に巻き込まれざるを得ない。逆に言えば、危機が起きたとき、日本が紛争に巻き込まれたくないという姿勢を見せた瞬間に、日米同盟は終わる。それは日本の安全保障にとって、きわめて深刻な事態になるだろう。

私が起きる可能性が高いと考えるのは、日本がこの紛争に対して有機的な支援を行うことだ。沖縄の米軍基地の防衛もそのひとつだ。これを中国の立場からみると、米軍が日本の基地を使用した場合、その基地を攻撃したら、日本も自動的に参戦することになる。日本の参戦を防ごうとすると、基地を攻撃できず、中国にとって不利な状態は続く。

さらには、日本の諜報機関がアメリカに情報を与えたり、海上自衛隊や海上保安庁が中国の艦船の移動を監視し、情報を共有することもありうる。また何も声明を出さずに、海上自衛隊の艦船を近くの海域に派遣するだけでも、プレゼンスを発揮することができる。

重要なのは、いざというときには台湾を支援できる態勢を整えることだ。

冷戦時代のフィンランドとソ連の関係を考えてみてほしい。フィンランドは、ソ連と１９４４年に平和条約を結んでいたが、それでもいつ侵攻されるかわからなかった。フィンランドのように人口わずか４００万の国が、どこからの支援も得られないとしたら、ソ連に対抗する方法など何もなかったはずだ。だがフィンランドは孤立してはいなかった。ＮＡＴＯ（北大西洋条約機構）やアメリカは中立の立場をとっていたが、ソ連が侵攻した瞬間にフィンランド側につくことは明白だったからだ。北部でソ連とフィンランドと国境を接しているノルウェーも同様で、これらはいわば「隠れた同盟国」といえる。こうした「隠れた同盟」は、ソ連がフィンランドに侵攻する意志を抑止する力があったのだ。

その意味で、日本にとって参考になるのは、やはりフィンランドの隣国であるスウェーデンのやりかただ。

冷戦期、スウェーデン王国は、フィンランドの抑止力を高めるために、非公式な物的援助を準備していた。そのひとつは、大量の対戦車兵器を配備することだった。もしもソ連の侵攻が現実のものとなったとき、フィンランドに対戦車砲を供給するためだ。

そのほかにスウェーデンが行ったのは、空軍力の過剰な強化だった。当時、スウェーデン空軍は欧州最大規模にまで達した。自国を守るためではない。フィンランドを守るためにである。人口が400万しかないフィンランドは徴兵制を敷くことで、何とか陸軍の兵力は確保したが、空軍にまでは手が回らなかった。スウェーデンはそれを補う役割を果たしていた。スウェーデンの航空機が、高速道路を滑走路にして発着できることは世界的にも知られている。さらに国内に数多くの航空基地を建設した。分散させることによって、ソ連に基地を攻撃されるリスクを下げたのである。

さらにスウェーデン軍はフィンランドとの国境に近い北部に精鋭部隊を配置している。もちろんフィンランドからの侵攻に備えるものではなく、ソ連がフィンランドになだれこんできたときのための部隊だった。これらはすべて中立国という立場のままで行われたことだ。

日本も同じようなことができる。何もいわずに台湾から100マイル以内の、沖縄周辺の南西諸島に集中して、部隊を配備することもできるし、とにかく地対艦ミサイルを大量に購入してもいい。それが中国に対する抑止力となるのだ。

民主国家と国防

私は台湾には40年前から何度も訪れている。そこで個人的にも残念に感じているのは、台湾の国防に対する姿勢が変わっていない点だ。台湾はアメリカに対して「私たちを守ってくれ」と深刻に頼んでくるが、自分たちで自分たちの身を守ろうという気概はない。真剣な国防は徴兵制度から始まるものだが、台湾はすでに2012年に徴兵制から志願制への移行を決定し、国民の間で国防意識が薄れてしまっている。

台湾防衛で重要なのは、上陸してくる中国の兵力を数の上で圧倒することだ。人民解放軍の兵員数は230万ほどだといわれているが、台湾上陸に動員されるのはおそらく1万ほどだろう。中国兵1人に対して武装した台湾人20名を集結させれば、取り囲んで各個撃破できるのである。

たとえば徴兵制を完全な形で復活させ、90日間のシリアスな訓練を行ったとしよう。そうすれば、最低限の肉体強化と、武器使用の訓練が可能だ。すると、中国の揚陸艦などに対して、対戦車ロケットを使えるようになる。この対戦車ロケットを大量生産して、たとえば国民全員に3砲ずつ配布してもよい。

これはフィンランドが実際にやっていることだ。フィンランドの置かれた状況は、ある意味、台湾以上に過酷だ。ロシアはフィンランドと地続きであるために、いつでも歩いて侵入することができるからだ。ところがロシアにとって問題なのは、フィンランドに歩いて入ることはできるが、歩いて出てくることができないということだ。フィンランド軍がロシア兵を一人ずつ殺害するからだ。ロシアがいくら大量に部隊を投入したところで、現地においては、数でフィンランド軍が上回るのである。

しかし、台湾の将軍たちは、このような「本来やるべきこと」をやらず、空母や爆撃機を手に入れ、米軍をコピーすることに必死なのだ。ところが、このような兵器は、いざ戦争がはじまったら役に立たない。台湾はアメリカを見習ってはダメだ。フィンランド軍やスイス軍、そしてイスラエル軍に教えを請うべきなのだ。

その台湾も、ようやく「本気」になって、２０２０年、有益な兵器を調達した。それがトラック搭載型の移動式地対艦ミサイルである。これは歓迎すべき変化である。

スイスは１５０年間も戦争をしていないが、いまでも兵役の義務があり、小型火器の保有率では世界4位だ。民主制度の国では、国民はその自由を守るために闘わなくてはならない。そうでなくては独立を保つことは諦めるしかない。アメリカに頼るのは核兵器の抑止だけで、それ以外の国防は、すべて自分たちでやるべきなのだ。

第3章　習近平を「つまずかせる」には

過酷な文革体験

中国が「チャイナ４・０」という最悪の戦略に回帰してしまった大きな要因のひとつは、「皇帝」である習近平のパーソナリティに求められるだろう。

そこで習近平の経歴を少し詳しくみていきたい。

彼の前半生は苛烈《かれつ》なものだった。それはまず、「革命の英雄」を父に持ち、その父が激しい権力争いのなかで残酷な迫害を受けたことに始まる。

習近平の父、習仲勲《しゅうちゅうくん》は中国の中央部にある陝西省《せんせい》に生まれ、10代で共産党組織に身を投じた。陝甘辺区《せんかんへんく》ソビエト政府で主席となったのはわずか21歳のときだった。当時、中国共産党は国民党軍から逃げるために、１万２０００キロ以上にも及ぶ大移動をおこなっていた。この「長征」のなかで主導権を握ったのが毛沢東である。10万人の兵力を数千人にすり減らすような過酷な逃避行だったが、この「長征」の最終目的地となったのが陝西省だった。そこでは若き習仲勲らが共産党の根拠地を死守していたからだ。共産党政府は同省の延安を臨時首都とした。もし習仲勲らの根拠地が潰されていたら、いまの中華人民共和国は存在しなかったかもしれない。

中国建国後、習仲勲は国務院副総理（副首相）などの要職に就いた。彼ら中央指導者は多忙を極めていたため、子弟のために全寮制の幼稚園や小学校をつくった。１９５３年生まれの習近平も姉や弟とともに、そうした全寮制の学校で育てられたのである。いわば彼らは「党の子どもたち」だった。

ところが１９６２年、父・習仲勲は反党的な小説の出版に関わったという嫌疑をかけられ、全ての要職を奪われてしまう。それから習仲勲は１９７８年まで16年間も投獄や拘束といった迫害を受け続けたのである。母親の斉心も革命運動に参加、八路軍でも兵士として戦ったが、文化大革命では公の場で批判を浴びせられ、暴力もふるわれた。

文革の嵐は、当時、中学生だった習近平をも襲った。紅衛兵によって生家を破壊され、十数回も批判闘争大会に引き出されて、あげくに反動学生として４回も投獄されてしまったのだ。そのため、中学から先は正式な教育を受けられなかった（のちに推薦制度により、清華大学に無試験で入学)。さらには陝西省の寒村に下放(青少年を地方に送り出し、労働を体験させること)され、黄土を掘りぬいた洞窟に寝泊まりさせられるなどの苦難を味わっている。

姉は文革中に餓死したと伝えられるが、妹も下放され、素手でレンガをつくる作業を強制され、食うや食わずの生活を経験している。

重要なのは、これらはすべて、「毛沢東の党」によって行われてきたということだ。そもそも文化大革命自体、毛沢東が他の共産党のリーダーたちを潰すために行ったのであり、実際に中国共産党は「毛沢東の党」となった。それが中国全体にとって巨大な災厄をもたらしたことは言うまでもない。

「毛沢東チルドレン」として

ところが、習近平は、その毛沢東を、「偉大なリーダー」として国民に尊敬するように求めているのだ。米中間の衝突が激しくなったここ数年間に、習近平は「毛沢東の演説や著作を研究せよ」と指示し、ことに『持久戦論』などをよく読めと奨励している。これは毛沢東が劣勢な中国共産党が旧日本帝国にどうしたら勝てるかを説いたものであった。２０１６年の全国人民代表大会（全人代）では、チベット自治区の代表が胸に「習近平バッジ」をつけていたことが、「毛沢東以来の個人崇拝の復活」と話題を呼んだ。また文化大革命についても、習近平は「改革開放の30年によってその前の30年を否定しない」と発言しており、近年の歴史教科書からも文革を批判する文言が姿を消している。

　そして習近平は、これまで江沢民や胡錦濤の行ってきた少数のトップ幹部による集団指導体制を脱し、自分ひとりに権力を集中させ、死ぬまでその椅子に座り続ける「皇帝」になろうとしている。そのモデルが毛沢東なのだ。習近平が目指しているのは毛沢東との一体化であり、ある意味では実際の毛沢東以上に、より完璧な毛沢東になろうとしているのである。

　ここまで見てきたように、毛沢東は習近平の家族に過酷な運命を強いた人物であり、習近平自身も非情な扱いをされている。それなのに、なぜ毛沢東との一体化を目指すのだろうか。

多くの幼児虐待の専門家が認めていることだが、外部の人間が、子どもが虐待を受けていることに気づいても、その子ども本人が虐待をしている親の元に留まりたいと思うケースは少なくない。

そうした子どもたちは、自分が間違っているから親に叱られているのだ、と考え、今よりももっといい子になろう、親の言うことに従い、「正しい行い」をすることで許しを得よう、と考えてしまうのである。

習近平のケースは、まさにこれに当てはまる。彼にとって毛沢東こそが「虐待する父」なのだ。

これは習近平だけではない。たとえば習近平のライバルとされ、後に汚職とスキャンダルで失脚した薄熙来《はくきらい》（元重慶市党委員会書記）だ。彼の父、薄一波《はくいっぱ》も国務院副総理を務めた中共八大元老の一人だったが、やはり文革で失脚、母は自殺し、自身も中学卒業後に5年近い監獄生活を送っている。それにもかかわらず、薄熙来は、革命歌を歌わせたり、「腐敗幹部」狩りを行ったりするなど、文革を彷彿《ほうふつ》とさせる大衆動員の手法で、重慶に「王国」を築き上げたのである。

習近平も薄熙来も「父なる毛沢東＝共産党」に許され、幹部への道を進んだ。虐待された父から、お前の態度は正しいと認められたのである。それが彼ら〝毛沢東チルドレン〟の「毛沢東が行っていた以上に、毛沢東的な政治を目指そう」という行動となってあらわれているのだ。

極端な民族政策

そうした習近平の性格を端的にあらわしている一例が、前にも触れた理不尽な民族政策である。たしかに毛沢東の時代にも、民族弾圧は行われた。特にチベット、モンゴルなどでは指導者たちを中心に、多くの人が命を失ってもいる（文革では多くの漢民族も迫害され命を落とした）。しかし、いま習近平は、チベット人、モンゴル人、ウイグル人というアイデンティティを完全に剝奪し、漢民族に同化させようとしている。これは毛沢東さえやらなかったことだ。

たとえば毛沢東はウイグル人たちがウイグル語を話すことを禁じようとはしていない。チベットにしても、寺院は徹底的に破壊されたが、その住民を漢民族にしてしまおう、とは考えていなかった。それは彼がスターリンの民族理論を下敷きにしていたからだ。ソ連では、ロシア革命に際して諸民族の指導者たちが大きな貢献をしたこともあり、共和国や自治区といった形で、民族のアイデンティティは尊重する、しかしその上に共産党がありソ連政府がある、といった統治を行っていた。つまり、中身が共産主義なら、器《うつわ》はそれぞれの民族のままでよい、というわけだ。

だが現在の習近平の共産党は、ウイグル、モンゴルなどに大量の漢民族を送り込み、漢民族の土地にしてしまおうとしている。さらには遊牧民的な生活を完全につくりかえ、中国の産業に貢献するような人間に仕立て上げるのだ。ウイグル語やモンゴル語の教育を禁止することは、民族の根を断つことである。そして、それに従わないと北京が判断したウイグルの人々は、片っ端から収容所に送り込んでいるのだ。そこまでのことは、文革期の毛沢東でも行わなかった。まさに習近平は、毛沢東よりも極端に毛沢東主義的な政策を行おうとしているのである。

そう考えると、私が「チャイナ4・0」と呼ぶ、極端な対外強硬路線も理解できるだろう。中国は今、習近平という非常に破壊的な人格を持つリーダーによって、政策が決定されているのである。

民族問題について私から習近平にアドバイスがあるとしたら、それは、「中国東北部に人を派遣して、満州族を探してくる」というものだ。ウイグル、モンゴル、チベットを帝国のメンバーに組み入れたのは、清をつくった満州族だったからだ。漢民族がこれらの地域をうまく支配できたことなどない。だから漢民族への同化しか思いつかない習近平は失敗し続けているのである。

独裁という「弱い」システム

そうした習近平の破壊的な行動は、彼が独裁体制を強化するにつれて、より極端になっている。それは二つの次元で進行している。

ひとつはシンプルに、誰も習近平のやることに反対できない、ということだ。こちらのほうはわかりやすい。習近平に異を唱える人物はいなくなるか、いつ排除されるかわからないという恐怖で沈黙させられているのだ。

もうひとつは、独裁体制というものは実はきわめて不安定なシステムであり、独裁者とは不安で危うい存在だということだ。

私が習近平に対して、人間として哀れみを感じるのは、彼がいかに強力な独裁者であっても、毎晩、眠りについたあと、翌朝、無事に起きられるという保証のない状態に置かれ続けているという点だ。彼は誰かを怒らせるか、逃げ場のないほど恐怖させてしまい、夜に暗殺者を送りこまれるかもしれない。「臣下たち」が結託し、いきなり拘束されて罪の自白を強制されるという可能性もある。

独裁者が唯一持てないものは、安全な在職権だ。あなたが日本の郵便局につとめているとすれば、人をぶん殴ったり、犯罪を起こしたり二日酔いの状態で何度も仕事に行かないかぎり、仕事と生活の保障はある。翌朝起きたら職を失っていたり、いきなり誰かが家にやってきて牢屋に入れられたり、党の会合で吊るし上げられ、拷問されることもないだろう。ところが習近平には、このような可能性が常に存在しているのだ。すべての独裁者に「安全」はないのである。

日本をはじめとする民主制の国家の首相は習近平に比べれば、ずっと安全だ。たとえ政権運営に失敗して辞めることになっても、ただちに逮捕されたり、家族や親類が拘束されたり失職したりはしない（韓国は例外だが）。

またこれは中国の政治システムの脆弱《ぜいじゃく》性にもつながっている。中国は共産党による一見、盤石《ばんじゃく》な権力体制を築いてきた。しかし、その最大の脆弱性が、習近平による独裁であり、特に死ぬまで権力の座に居続けられるとした憲法改正なのだ。つまり、習近平に不測の事態があったとき、いまの中国はそれに対応できないということである。

アメリカならば、仮にバイデンが急に体調を崩し、執務できなくなっても、ほとんど何の問題もない。カマラ・ハリス以下、大統領を代行する順序が18番目まで決まっているからだ。さらにいえば、アメリカで最終的に政治の方向を決めるのは国民であり、重大な事態が起きても選挙でその意思を問えばいいのである。これは日本など他の民主制の国でもいえることだ。

しかも習近平は自らの後継者候補を明らかにしていない。これも当然で、していないというより、できないのだ。なぜなら後継者を決めた時点で、人々の忠誠は「皇帝」と「後継者」に分散してしまい、極端な独裁制が揺らいでしまうからである。

その意味で、独裁制は「弱い」権力システムだといえる。権力が集中すればするほど、独裁者の失敗や、その決断に対する違和感は、大きな「ノイズ」となって、支配の根拠を動揺させる。そうした「ノイズ」を取り除くために、独裁者はますます自分に権力を集中させ、異分子を徹底的に排除しなければならない。今、習近平がやっていることは、それである。それは彼の支配を強めると同時に、崩壊の危険性を高めているのである。

誰が習近平を「つまずかせる」のか？

ここまで論じてきて、明らかになったことは、習近平が破壊的な人格であり、世界にとって（そして中国にとっても）非常に有害であることだ。彼が中国で政権に居座り続けるかぎり、彼はアジアの国際政治を破壊し続けるからだ。そのため、彼を政権から引きずり下ろすことが必要になってくる。

そこで重要なのは、習近平に「恥をかかせる」ことだ。彼をつまずかせ、転ばせて、彼が主張した政策を実現できなくさせること。そして、彼の実行力、判断力に疑念を生じさせ、その権威や政権担当能力を否定するのである。アメリカをはじめ、日本やヨーロッパの政策担当者は、これを狙った行動をしなければならない。

ここで注意しておかなければならないのは、アメリカの対中姿勢は、習近平を「つまずかせる」ような性格ではないということだ。

これはバイデン政権が実は親中的であるという話ではない。前章でも述べたように、トランプ政権における対中政策は、バイデン政権においても完全に継続されたのみならず、人権問題などではいっそう踏み込んだものになっている。

ただし、アメリカが行っているのは、中国に「対抗する」政策である。つまり、中国に対する「戦線を維持」しているのだ。アメリカがいくら経済で締め付けても、人権問題で批判しても、習近平体制を揺さぶることにはならない。なぜなら、それは習近平が備えることのできる攻撃だからだ。戦略において、相手がすでに備えを終えているところを攻めても、ただちに勝利にはつながらないのである。またアメリカは中国にとって「まだかなわないが、いつかは打ち勝つ強敵」であり、いまアメリカとの戦いで劣勢でも、習近平の名誉を損ねることにはならない。

では「習近平をつまずかせる」という作業は誰が行うのか？　それは中国が格下に見ている国々、ＥＵ、日本、インド、オーストラリアなどだ。あるいはベトナムやインドネシアを加えてもいい。このように習近平たちが「小国」とみなし、中国の言い分を受け入れるのが当然だと考えている国々からの反撃こそ、「習近平は失敗している」ことを可視化させ、世界および中国国内に広げる役割を果たすからである。

「つまずき戦術」のマニュアル

具体的にどうすればいいのかというと、実は日本がうまくやっていることを他の国々も真似すればいい。それは、習近平からの要請に対して、「ノー」と答えるというものだ。

たとえば尖閣問題である。前にも述べたように、北京は「尖閣諸島は係争地域だ」と日本に認めさせようとしている。それによって、交渉に持ち込もうというのだ。ところが日本政府は一貫して「交渉することは何もない」という立場を崩していない。習近平は自国の国民たちに向かって「中国はいまや偉大な大国であり、尖閣諸島は中国のものだ」というメッセージを発信しつづけている。ところが問題は、これが一向に実現していない、という点にある。

いくら習近平が「西洋諸国は没落して、中国は台頭している」と主張したところで、国民側から「国家主席、それはその通りでしょうが、私たちの尖閣諸島はどうなっているのでしょうか？」と尋ねられたら、答えようがないだろう。さらには「なぜ日本に尖閣の不当な占拠を許しているのでしょうか？　なぜ国家主席はそんなに臆病者なのですか？」となるのである。

これは台湾問題にも通じることだ。「ところでいつになったら、当然、中国の一部であるはずの台湾に真実を思い知らせてやるのですか？」という疑問を生じさせるためにも、台湾問題をクローズアップするのは有効な戦略だといえる。

また第1章でも取り上げた、インドが国境紛争に際して行った経済制裁も有効だ。これも中国企業にとっては、「なぜあんな山の奥のちっぽけな領土のために、何億ドルも損しなくてはならないのか」ということになる。

さらにはオーストラリアのケースも興味深い。２０２０年11月、中国政府は、オーストラリアの大手メディアに対して、14項目の「不満」を突きつけたのである。これを見ると、中国が何に苛立《いらだ》ち、何を嫌がっているかがよく分かる。それは、この文書を手渡す際に、「中国は怒っている。中国を敵として扱うならば、中国は敵になるだろう」と恫喝《どうかつ》したことが、かえって雄弁に物語っている。

その14項目の要旨をみてみよう。

・「国家安全保障上」という理由で、インフラ、農業、畜産などの分野での中国の投資が制限されている。

・同様の理由で、華為技術（ファーウェイ）と中興通訊（ＺＴＥ）の2社を次世代通信規格「５Ｇ」ネットワークから排除した。

•「オーストラリアの民主的プロセスに干渉しようとする外国人の有害・秘密行動」を違法とした外国干渉法は、根拠なく中国を標的とみなしている。

•中豪間の交流と協力を政治的に扱い、中国人学者のビザ取り消しなどの制限を課している。

•新型コロナウイルスに関する国際的な独立調査の呼びかけは、中国に対する攻撃である。

•中国の新疆《しんきょう》・香港・台湾問題に絶え間ない強引な干渉を行い、対中弾圧の先頭に立っている。

•非沿岸国なのに、南シナ海問題に関する国連提出用の声明を作成した。

•米国の反中キャンペーンに加担し、新型コロナを封じ込めようと努力する中国に対し、故意の誤報を広めている。

•中国を標的にした立法で、外国政府との合意を精査するようにした（ビクトリア州の「一帯一路」撤退を指している）。

•政府系シンクタンク「オーストラリア戦略政策研究所」（ウイグルでの強制労働を報

告した）に資金を提供し、中国に対する世論操作を目的とした虚偽の報道を広めた。
・中国人ジャーナリストに対する家宅捜索や財産没収（スパイ容疑での捜査）。
・サイバー攻撃に関する中国への疑惑。
・国会議員による中国共産党への非難と、人種差別的な攻撃。
・2国間関係を害する、非友好的あるいは敵対的な中国報道。

つまり、これは中国政府自ら作成した、ここは攻められたくないという「中国の戦略的弱点」のリストだといえる。さらにいえば、この14項目こそ、中国から威圧されている周辺国が、中国に対して取るべき「つまずき戦術」の絶好の見本であり、マニュアルでもあるのだ。

東欧・中欧でも反逆が

また最近の例として、ＥＵの投資協定をめぐる動きをあげておこう。２０２０年12

月、EUの欧州委員会は中国と市場開放や公正な競争環境の確保など、投資環境の整備を目的とする包括的投資協定（CAI）に原則合意したと発表した。これは中国にもっと投資したいとするドイツの産業界などが強く求めたものだが、実際に協定の内容が明らかになってみると、中国は大して規制を緩めていないことが判明した。つまり期待したほどのメリットのないものだったのだ。それでも、署名延期を求めるアメリカを無視して、協定の批准を進めようとしていたのである。

ところが欧州議会は2021年1月、ウイグルでの強制労働や香港国家安全維持法など中国における深刻な人権侵害に具体的な行動をとらなかったことは「人権を重視するEUの信頼性をおとしめかねない」と非難して、協定を問題視する決議を採択した。また3月にはEU、アメリカ、イギリス、カナダがウイグル族への人権侵害、強制労働などに対して、ウイグル自治区の統治責任者である中国高官や、ウイグルに駐屯する準軍事組織、生産建設兵団の公安局などに制裁を科した。こうしたEUの動きは天安門事件以来のことだった。

それに対し中国が、欧州議会の議員などに中国への入国を禁じる報復制裁をすると、

5月、欧州議会は報復制裁が解除されない限り協定に関する審議に一切応じない、と決議した。

このような行為が習近平を「つまずかせる」のである。

習近平が本格的にウイグルで民族弾圧を強化したときのことを思い出してほしい。あのとき、ウイグルに関する機密文書が西側のメディアに大量にリークされ、それによって中国国外でもその実態が広く知られることとなった。これが何を意味するかといえば、現地の共産党の幹部たちのなかに「習近平は危険な狂信者である」と認識している人々が存在するということだ。これは習近平のウイグル統治がうまくいっていないことを明るみに出すという、彼らの習近平に対する抵抗だった。

同様に、欧州議会が北京との投資協定の合意を拒否すれば、習近平にとって頬を平手打ちされたようなことになる。習近平が「素晴らしい成功だ」と世間に広く提示した投資協定が潰《つぶ》れることは、まさに習近平自身の失敗であり、彼はメンツを潰されたことになる。これが「習近平をつまずかせる」ということなのだ。

ヨーロッパでは、バルト海の国々や東欧諸国も、習近平を苛立たせるような動きを見せている。スロベニアやクロアチア、チェコは中国の企業がかかわっている原発、高速道路、鉄道網など、インフラ設備の政府入札を中止したし、ルーマニア、リトアニアでは中国企業を幅広い分野にわたって政府調達から排除している。

また中国は２０１２年から旧共産圏の16カ国に呼びかけ、「16プラス1」（プラス１はもちろん中国だ）というグループを組織してきたが、２０２１年2月にギリシャを加えた「17プラス1」として習近平が主催したヴァーチャル会合では、中国が各国の首相の参加を要求したのに対し、エストニア、ラトビア、リトアニア、ルーマニア、ブルガリア、スロベニアの6カ国はわざわざ格下の閣僚級を参加させた。中国外務省の報道官は、会合は「首脳らとともに成功裏に開催された」とコメントしたが、5月になると、リトアニアがこのグループからの脱退を表明したのである。

ここで重要なのは、この戦略では、中国側が「小国」と認定しているような国が、中国側が持ちかけた提案や、すでに成功したと喧伝したものを拒絶したり拒否したりすることによって「メンツを潰す」というサプライズが有効だということだ。

日本やベトナムはこれができる。韓国も潜在的にはできるはずだが、ＴＨＡＡＤ

（高高度防衛ミサイル）システムの設置をめぐって、土地を提供したロッテグループが中国国内から排除されたことをきっかけに、もう中国への抵抗ができなくなっている。彼らは中国の「忠犬」状態だ。

あまり注目されていないが、意外に良い動きをしているのがインドネシアだ。近年続いているEEZ海域への中国海警局の艦船の侵入をうけて、2020年、アパッチヘリコプターなどによって構成される即応部隊を配備することを決定している。

ここでも「同盟の戦略」が効いてくる。中国にとっての「小国」が、それぞれに「つまずき戦術」を駆使することで、習近平の独裁体制の揺れをどんどん大きくするのだ。

さまざまな歴史の教訓が示しているように、習近平の独裁体制は必ず破綻するだろう。そして習近平は「ラストエンペラー」（最後の皇帝）となる。ただ問題はそれが起きるのが、5年後か8年後か、あるいは50年後か80年後かはわからないということだ。

これも逆説的だが、「同盟の戦略」、「つまずき戦術」が非常に効果を上げた場合、中国は「チャイナ4・0」をとりやめ、南シナ海への野心などは捨てて、よりマイルドで協調的な「チャイナ5・0」を採用するかもしれない。その場合、習王朝は延命されることになる。しかし、習近平の性格、中国の戦略下手から考えると、そうした中国にとって有利な政策転換が行われる可能性は、やはりきわめて低いだろう。

2021年5月、習近平は「謙虚で、信頼され、愛され、尊敬される中国のイメージを作れ」と語った。一部の報道では、「戦狼外交」からの方針転換ではないかという見方も出されたが、そうではないだろう。これはあくまでイメージ上の「微笑み戦術」に過ぎず、強硬路線は維持されている。それは翌6月の全人代で、外国からの制裁に報復する「反外国制裁法」が成立、即日施行されたことからも明らかだ。

第4章　軍事テクノロジーの逆説

「歴史の流れを変えた」兵器

これまでも述べてきたように、近年、中国の兵力の増大がしばしば話題を集めてきた。ことに海軍力について、アメリカ国防総省が2020年9月に発表した「中華人民共和国を含めた軍事・安全保障に関する2020年版報告書」で、米軍の水上艦や潜水艦数293隻に対し、中国海軍は350隻と、すでに「世界最大」であり、このままではアジア太平洋地域で米軍の優位が保てなくなる、と警告している。

しかし、言うまでもなく、軍事力とは兵器の数の総量ではない。使えない兵器などいくらあっても、維持コストばかりがかかり、その国の安全保障にとってかえってマイナスとなるだろう。また、高いスペック（性能）であれば良い、というものでもない。たとえば日本海軍の誇りでもあり、当時、世界でも最高水準の軍艦であった大和、武蔵はほとんど戦況に何の影響も与えることができなかった。

また近年の例を挙げれば、アメリカの特殊部隊は、数多くの高性能かつ高価な「特殊な兵器」を装備し、恐ろしく複雑で精緻な作戦計画を実施しているが、予算や運用の肥大化に向かうばかりで、かえって非効率化している。その象徴が、オサマ・ビン・ラーディン殺害作戦だ。ビン・ラーディンというすでによく知られたターゲットと、女性を含む4人を殺すために、過剰なまでの調査や準備を重ね、特殊部隊員を満載したヘリを2機も送り込んだ挙句、うち1機は墜落してしまった。軍事力とは単なる兵器力ではなく、その国の戦略にかなった、組織的で効率的な戦い方、兵器運用力の総体なのである。

本章では、本当の軍事力とはいかなるものか、そして、戦場において真に威力を発揮する「歴史の流れを変える」力を持った兵器とは何かを、ここ100年の戦争の歴史を振り返り、考察してみたい。それは、「中国軍は本当に強いのか」という問いに答えるうえでも有効だろう。

この100年の間には、実に様々な兵器が登場した。しかし、その中でもとりわけ「歴史の流れを変えた」といえるものは実は数少ない。これは軍事とテクノロジーを考えるうえで大きな教訓となる。人々は最新技術がつねに戦場の常識を一新し、その兵器開発競争についていかないと、戦争には勝てないと思いこんでいるが、実際にはそうではないのだ。

そのなかで確実に歴史を変えた兵器のひとつが、機関銃（マシンガン）である。この兵器が本格的に実戦に投入された最初の戦争が、１９０４年の日露戦争だった。

20世紀初頭において、近代化した国家の軍隊にとっての主要な武器は、組織的な歩兵集団だった。国民を兵士として大量に召集し、規律を与え、ライフルをもたせて、組織的に敵に当たらせること。つまり、厳しい統制による「連隊編成」が、当時の近代国家の最大の「武器」だったのだ。

もちろん砲兵の力や海軍力なども重要ではあったが、陸上で近代国家が戦争を行う上で最も重要だったのは、自国の若い男子たちを規律や統制をもって敵に向かって前進させ、突撃させることだったのである。日露戦争を行っていた１９０４年当時の日本もまた、ドイツやフランス、イギリスなどの他の近代国家と同じように、このような「軍事力」（ミリタリー・パワー）を持つことができた。

ところがそこに機関銃が登場した。この兵器は原子力潜水艦のように複雑なものではなく、シンプルな金属だけでできた武器である。

日本軍は旅順の戦いで、この革命的な兵器に直面することとなった。ロシア軍が採用したマキシム機関銃は、故障はしやすかったが、それでも1分間に５００発もの銃弾を発射することができた。トーチカから放たれる機関銃の弾幕の前に、日本兵は次々に倒されていった。いくら大量の男子を集めて規律を与えて思想を統一させたところで、弾丸を大量に発射できるマシンガンの力を克服することはできなかったのである。日本軍もホチキス機関銃を大量に導入して、これに対抗した。この兵器の登場で、戦場での死傷者数は飛躍的に増大した。

１９１４年に始まった第一次世界大戦でも、機関銃は絶大な威力を発揮した。その威力を防ぐために、長大な塹壕《ざんごう》が掘られ、戦線は膠着《こうちゃく》し、戦争は長期化したのである。

なぜ機関銃の採用は遅れたのか

ところが驚いたことに、このような明らかに有効な兵器が、軍という組織に採用されるまでには、実に複雑な経緯を経なくてはならなかった。つまり欧米諸国の軍隊は第一次世界大戦が始まるまで、機関銃にきわめて冷淡だったのである。たとえば、アメリカでは１９０１年にジョン・ブローニングが水冷式マシンガンの特許を取っていたが、米軍は興味を示さず、そのアイデアは１９１０年まで放置されていた。原子力潜水艦のように、高度なテクノロジーを持つ国しか開発・製造できない、複雑な兵器ではなく、きわめてシンプルな兵器だったにもかかわらずだ。

なぜ当時の軍にとって、機関銃を取り入れることが難しかったのだろうか。それを知るには、軍隊という組織を考察する必要がある。近代的な軍隊は、歩兵、砲兵、工兵、輸送兵などのさまざまな軍種に分化し、多様化しているが、すでに１００年前にも歩兵と騎兵、砲兵といった分化が進み、それぞれの軍種ごとの伝統や慣習をもっていたのである。

そこに機関銃という新技術が登場したとき、どういうことが起きただろうか。

まず歩兵科の部隊にマシンガンを持っていくと、「大きすぎて重すぎる。兵士はこんなものは運べない」と言われる。たしかに第一次世界大戦で米軍に採用されたブローニングＭ１９１７のような水冷式のマシンガンだと、三脚や水を入れるタンクなどがあり、あまりに重すぎて、敵のところまで突撃したあとに設置して発射するなど不可能だった。

次に騎兵科のところに話をもっていくと、「あんなの重すぎて馬に載せられるわけがない！」と拒否される。それで砲兵のところに持っていくと、「俺たちに余計な時間を使わせるな。機関銃が発射できる弾は、俺たちが大砲で発射するものよりも小さく、破壊力にも乏しい。俺たちの弾は空中で爆発して制圧する榴弾《りゅうだん》もある。機関銃の射程距離は数百メートルに過ぎないが、こっちは数キロ飛ばせるんだぞ」と追い返されてしまったのだ。

つまり陸軍では機関銃を使おうという職種が存在しなかったのである。

実は、これは日本に対して機関銃を使っていたロシア軍にも当てはまる。ここで覚えておかなければならないのは、旅順の戦いで日本軍に対して機関銃を使っていたのは、ロシアの水兵であったという点だ。水兵たちはその前の戦いで船を失っており、やむを得ず、艦船から機関銃だけを持ち出して使っていたのである。

興味深いのは、第一次世界大戦で戦うことになった参加国の軍人たちは、機関銃の威力を知らなかったわけではない、ということだ。第一次大戦のほぼ10年前、欧米各国は日露戦争に際して、観戦武官を派遣している。たとえばアメリカから派遣された一人が、第一次大戦でヨーロッパ派遣軍の総司令官を務めるジョン・パーシングだった。またアーサー・マッカーサーという軍人も駐日武官として日露戦争を目撃している。彼の息子が後に連合国軍最高司令官として日本を占領するダグラス・マッカーサーであり、ダグラスも日本で父の副官を務めた。

他にもドイツやフランス、イギリスといった国々の武官が日露戦争を見学し、実に立派な報告書を書いて本国に送った。今、これらの報告書を読んでみると、これを受け取った本国の上官たちはみな衝撃を受け、劇的に装備や編成を変えたに違いない、と思ってしまう。それほどまでに説得力のある報告書なのだが、機関銃については、それから10年以上もの間、「役に立たないアホな機関銃などの話はやめろ」といわれ、誰もかえりみることがなかった。ドイツ、フランス、イギリス、そしてロシアのいずれの軍隊も、機関銃のもたらした新しい現実というものを認めたくなかったのである。

たとえば第一次世界大戦が始まった時、イギリス陸軍は、中佐によって率いられた、800人ほどの大隊が編成されていたが、ひとつの大隊に配備された機関銃は、たった2丁だった。しかも導入したはいいが、どうやって使うのか誰も知らなかった。まるで予備の歯ブラシのような存在だったのである。ところが戦争がはじまると、この大隊の中で唯一使えるのが、このたった2丁の機関銃であることが判明した。それでも、機関銃が戦場の帰趨《きすう》を決するという現実を理解するには、戦争開始から数年の歳月と何万人もの戦死者を出すことを必要としたのである。つまり、彼らは第一次世界大戦で、日本軍が旅順で直面したのと同じ経験を繰り返すことになったのである。

一方、それぞれの国には、主力戦力のひとつとして歴史と伝統のある騎兵が存在し、国によっては1万頭ほどの馬を抱えていたわけだが、これらはすぐに不要であることが明らかになった。

ここからわかるのは、いかに画期的な兵器があらわれても、それが軍によって組織的に運用されなければ、軍事力としてのパワーを発揮することはできない、ということだ。そして、もうひとつは、軍事組織には、それぞれの分野で果たすべき役割や任務、さらに優先順位があり、それを変更し、新しい現実に適応するのは容易ではないということである。

戦車は海軍が発明した

もうひとつ、第一次世界大戦で登場し、戦場のあり方を一変させた兵器が戦車である。

第一次大戦を戦う中で、10年前の日露戦争で登場した機関銃という「真実」を、欧州の軍隊は受け入れざるを得なくなった。ここであるアイデアを思いついた人間がいた。その人物ランスロット・デ・モールは、イギリスでもなくフランスでもなく、オーストラリアのアデレードという南部の静かな街出身のエンジニアだった。

モールが進言したのは、「われわれにはホルト社（のちのキャタピラー社）の農業用のトラクターがあるじゃないか。これに鋼鉄のシールドを貼って、上部には機関銃を乗せる砲塔をつければいい。機関銃の弾丸の雨の中に何もさえぎるもののない兵士を送り出すかわりに、鉄の塊で弾幕を防ぎ、突破することができるはずだ」ということだった。

鉄鋼はいくらでもあった。イギリス海軍が戦艦用に分厚い鉄の板を用意していたからだ。しかも、軍艦ほどの強度は必要ない。機関銃の弾を止められれば、それで十分だったからだ。

モールは戦車のデザイン画を、ロンドンのイギリス陸軍省に送った。ところが戦争の真っ最中であるロンドンでは、徴兵準備などの作業で大忙しだった。兵士の増員に合わせ、ライフル銃の支給もしなくてはならなかったし、騎兵隊はより多くの馬を必要としていた。モールの提案書やデザイン画は、誰の目にも止まることがなかった。当時のイギリスの陸軍は、機関銃で次々に殺される兵士の補充のために、多くの兵士を集める作業に忙殺されており、機関銃を克服するという解決法については考える余裕がなかったのである。

彼のデザインが「発見」されたのは、すでに戦争が終わった１９１９年のことだった。いくつかの文書（モールは複数回にわたって自らのアイデアを提案したが、すべて無視されていた）に示された「戦車」は、数年前に第一次世界大戦で使われたものよりもはるかに素晴らしいものだったことがわかった。結果からいえば、陸軍は戦車というアイデアを拒否したのである。

戦車を「発明」したのは、陸軍ではなく、イギリス海軍だったのだ。

当然ながら、海軍では戦車は使えない。海では戦車は浮かばないし、水陸両用でもなかったからだ。しかし海軍には航空部隊があった。そして陸軍側がどんどん兵士を死なせていることに心を痛めており、自分たちの航空機を派遣して偵察活動などを行って、陸軍を助けようと考えたのである。

この海軍航空部隊でパイロットとなる者には、上流階級の若者たちが多かった。しかし、彼らが全員、空を飛べたわけではない。目が悪かったり耳が悪かったりして、不適合とされたものも少なくなかった。

そうした「飛べない航空隊員」のうちの何人かが、ロンドンのロールス・ロイス社に行って、何台かを徴収してフランスに持っていき、防護用に鉄の板を貼り付ける改造をほどこした。つまり簡単な「装甲車」をつくったのだ。ところが実際に動かしてみると、整備された道路を走る分にはいいが、泥道のようなオフロードは全然走れないことに気づいた。すると、そのうちの一人がホルト社のトラクターに着目したのである。「トラクターに鋼鉄のシールドを貼り付けて、機関銃に向かって突っ込むというのはどうだ？」と提案したのだ。

たまたま彼らの中の一人が、当時海軍のトップであったウィンストン・チャーチルと知り合いだった。この話を聞いたチャーチルはたった5分でそのアイデアを採用して、「戦車」をつくるための委員会を立ち上げることを指示したのである。この委員会は「戦車をつくる」という本来の任務を隠すために、「水槽」（タンク）という偽名をつかった。表向きには「海軍の船のためによい水槽をつくる」ことを掲げたのだ。

ここに軍事技術のパラドックスが存在する。最も戦車を必要としていたはずの陸軍は、兵士をとにかく欲しかったので、そのアイデアを検討することさえなかった。戦車は、海軍の、それも傍系的な組織であった航空部隊から着想が生まれたのである。航空部隊は、海軍という組織全体からいえば、人数的にはたった1％にも満たない小規模な部隊である。

M-16を拒否した米陸軍

この戦車の例からもわかるのは、困難に直面している組織は、それを根本的に克服する兵器を開発することが難しいという事実だ。それよりも、その状況を外から客観的に見ている組織のほうが、問題をより俯瞰《ふかん》的に捉えることができたのである。難問の解決には、第三者的な目が必要なのだ。

これと同じようなことはライフルの世界でも起こっている。現在、米軍の主力小銃で、世界中で使われているのがM-16というライフル銃だ。これはユージン・ストーナーによって開発され、アーマライト社が製造しているが、画期的だったのは、アルミやプラスチックを使い、軽量化をはかったことだった。それまで主力だった鋼鉄と木で造られたM-14に比べ、およそ1キロも軽かったのである。

ところが、このM-16も、開発された当初はアメリカ陸軍に拒否され、最初に採用したのはアメリカ空軍の警備隊だった（１９６１年、導入を承認）。決定したのは、第

21爆撃機集団司令官として東京大空襲や原爆投下を指揮したカーティス・ルメイである。ルメイはハンティングが好きで、この軽くて高性能な銃をとても気に入ったのである。

しかし、陸軍が導入を決めたのは、空軍より2年も遅い１９６３年のことだった。導入試験の際に、あえて銃と合わない弾を使ってわざと不発や弾づまりなどを起こすことまでして、１キロ以上重たいM‐14にこだわったのである。その間にベトナム戦争で何人ものアメリカ人が古いライフル銃を使って死んでいった。

実はこうした状況は、現在でもあまり変わっていない。M‐16は改良され、現在はM‐4という主力のライフルとなっているのだが、これを更新する際に、ブルパップ方式の銃を採用するかどうかでもめているのである。ブルパップ方式というのは弾倉がトリガーよりも後ろ側、つまり自分に向かって内側にあるので、銃身を短くできる。そのために機動性が高いという利点があり、フランスでもイギリスでもイスラエルでも採用されているのだが、米軍ではまだ１９６０年代に設計されたM‐16を手放そうとしないのだ。

ドローンが戦争を変える

話を戦車に戻そう。

２０２０年9月、アゼルバイジャンとアルメニアの間でナゴルノ・カラバフ自治州をめぐって軍事衝突が起こった。このとき、アルメニア側の地上部隊の主力は戦車だった。つまり、旧ソ連と似たような兵器編成であった。

これに対し、アゼルバイジャンはドローン（無人機）によって、アルメニアの戦車を攻撃したのである。ドローンにはいくつか種類があるが、アゼルバイジャンが使用したのはイスラエル製のものであった。正確には無線遠隔操作による無人飛行機だ。

一方でアルメニア陸軍の戦車はロシアのT-72やT-80であり、およそ40トンの鉄の塊だ。紛争地となったナゴルノ・カラバフ地域は基本的に山地や丘陵地帯であり、急な山道を戦車はゆっくりと進むことになった。それに対して、40キロ弱の模型飛行機のようなものが、装甲の薄い戦車の真上から、爆弾を抱えて突っ込んでくるのだ。その爆弾は成形炸薬《さくやく》弾といって、爆発すると８０００度にもなるガスによって敵の装甲を破壊、貫通させるのである。

このドローンこそ、「歴史を変える」兵器のひとつといえる。ドローンにはさまざまな種類があるが、兵器仕様でも安価なものは数十万円で製造することができる。これで数億円の戦車が破壊できるのだ。

兵器単体の価格だけではない。有人機と比べたとき、そのコスト面の優位は明らかだ。空港にいって、パイロットの養成にどれだけのコストがかかるか、航空関係者に聞いてみると良い。有人の飛行機を購入し、パイロットを訓練して飛ばすまでの費用と、ドローンを使った場合のコストの差は、１００対１ではすまないはずだ。

アゼルバイジャン軍にとっての最も効果的な兵器は、実質「おもちゃ」に等しいドローンだった。おもちゃが壊れたからといって、将軍たちは家族にお悔やみの手紙を書く必要もない。「命の値段」が高騰している現代では、無人機の優位は計り知れないのである。

しかし、現在のアメリカの状況をみると、まだまだ大量の有人機を購入しており、無人機の比率は少ない。そのため、無人機が少数しか作られないので、製造コストはなかなか下がらない。

この状況は100年前、機関銃の導入を拒んでいたのと同じである。軍事組織は現実を受け入れるのを拒否しているのだ。

現代における水上艦の価値

もっとひどいのは海軍だ。

現在の海軍の艦船の分類を見ると、フリゲート艦から巡洋艦、輸送艦、強襲揚陸艦など、実に様々な分けかたができるが、本当の分類としてはたった二つしかない。それは、潜水艦と、潜水艦の標的（ターゲット）だ。この標的のサイズは小さかったり大きかったりするのだが、標的であることに変わりはない。

現代における水上艦とは、本当の「戦闘」という意味で考えれば、運転したらすぐに爆発する車のような存在だ。いくら美しく磨かれたスポーツカーであっても、動かしたらいきなり爆発するのでは意味がない。数カ月もの間、連続潜航が可能で、どこにいるか捕捉しにくい原子力潜水艦から発射されるミサイルに対抗できないからだ。

しかし、米海軍はいまだに水上艦の購入を続けている。たしかに平時に海外を訪問するための、いわば式典用や外交用、さらには救助用としての役割はまだ残っている。漁船を守るのにも使える。だが、今日の状況における本物の戦闘に使えるかどうかというと、完全に無理である。実戦という意味で考えれば、水上艦の価値は、ダンボールでできた船と変わらないのだ。

その状況をさらに加速させているのが、ＡＩの発達である。ＡＩには様々な用途がある。たとえば中国は「自律戦闘機械」、すなわちロボット兵士の開発に力を入れている。これは中国独自の文化と深い関係がある。軍や戦闘に高い価値を見出さない中国では、サボタージュせず、命令に必ず従うロボット兵士は、まさに理想の戦士なのだ。しかし、私の考えでは、これは時間と費用の無駄遣いに終わるだろう。戦場とは刻一刻と状況が変わり、つねに未知の局面が発生する場だからだ。正解のない問いを解くのに、ロボットは向いていない。

それよりも、もっとシンプルで有効なＡＩの使い方がある。それは大量のデータの解析だ。

ＳＡＲ（合成開口レーダー）などの発達により、水上艦がいま、どの地点を航行しているのかは、ますます捉えやすくなった。

また軍艦は常に信号を発信している。たとえば長期航行するアメリカの空母などには、多くのランドリーが設置されているが、あとどのくらい洗剤が残っているのかといったデータまで、母港に対して送信しているのだ。それによって、次に寄港したときにどれだけの洗剤を積み込む必要があるのかを自動的に教えているのである。

そうしたデータを複合的に集めてＡＩに分析させることで、水上艦の位置、状態などが正確に把握できるようになっているのだ。第二次世界大戦の頃のように「敵の船がどこにいるかわからない」というような状況はもう消滅してしまった。そのために、水上艦の脆弱性は、ここ20年で20倍も上がったといえるだろう。

同様のことは陸上でもいえる。たとえば先に触れたナゴルノ・カラバフ紛争で、アゼルバイジャン軍がアルメニアの戦車をどのように見つけたかというと、偵察用のドローンを飛ばしたのだ。そして、偵察用ドローンに上空からカメラで地表を写させただけではなく、その画像情報を集めて、どこに戦車があるのかをコンピューターで解析したのである。このコンピューターは何も高価なスーパーコンピューターでなくてもよく、安いラップトップで十分だった。要するに、ＡＩは軍の運営の仕方を変えてしまったのだ。海軍も、そして空軍もこれを採用するしかなくなっている。

中国の海軍力を再考する

そこで再び検討してみたいのが、中国の海軍力だ。中国は素晴らしい造船能力を持っている。その結果、水上戦闘艦や潜水艦、空母、強襲揚陸艦、弾道ミサイル潜水艦、大型沿岸警備艇、極地砕氷船の建造を恐ろしいスピードで進め、その規模はこの20年で3倍以上になったといわれる。たしかに艦船の数では「世界最大」かもしれない。しかし、ここまでの分析で分かるように、中国は世界最大の「標的」を造り出しているのに過ぎないのだ。

中国海軍が米海軍よりも優位なのは、コルベットと呼ばれる比較的小さな戦闘艦であり、哨戒艦艇や沿岸戦闘艦艇などだ。それに対しアメリカの攻撃型潜水艦50隻がすべて原潜であるのに対し、中国の保有する潜水艦62隻のうち、原子力で動くのはわずか7隻しかない。

では空母についてはどうだろうか。中国は現在2隻の空母(1隻はウクライナから購入、1隻は国産)が就役しており、3隻が建造中または計画中とされている。

戦闘機は航続距離が決まっているため、その空港となる空母が移動して戦闘機を運ぶというのはたしかに理にかなっている。ところが地中海などでは空母は必要ない。戦闘機を地上の滑走路から飛ばせば、航続距離はカバーできるからだ。つまり沿岸防衛では空母は必要なく、太平洋のような広い海域でのみ有効な兵器だといえる。

たとえば2020年、野心的な独裁者であるトルコのエルドアン大統領は、イスラエルの沖で海底油田を掘削しようとした。イスラエルがトルコに対して「もし船を送ってきたら沈める」と警告したところ、エルドアンの回答は「我々には大海軍がある」というものだった。それに対し、イスラエル側は「君たちは何もわかっていない。

それらは単なる標的だ」と応じている。地中海東部はそれほど大きな空間ではなく、イスラエルから飛び立った航空部隊は十分に活動できる。もし戦闘がはじまったら数時間でトルコ海軍の軍艦は、イスラエル空軍の餌食となるだろう。

これに対し、太平洋は広大なので、たとえば台湾を攻めるために、中国の空母を近くの海域に派遣して、艦載機を飛ばすという面では有用かもしれない。しかし、そこに待ち構えているのが潜水艦だ。米軍の原潜だけではない。日本の海上自衛隊が保有する12隻のそうりゅう型潜水艦は、きわめて静かで隠密性が高い。この12隻で、人民解放軍海軍の艦船を100隻ほど沈められるだろう。

2018年、習近平国家主席は軍服に身を包み、南シナ海に艦艇48隻をずらりと並べ、観艦式を開いた。それはある意味で、現代における水上艦の用途にかなったものといえる。それはあくまで観賞用であり、実戦においてはすでに役に立たない存在なのだ。第一次大戦の騎兵隊と同じである。100年前のフランス、ドイツ、ロシアの軍隊は、騎兵のために、高価で美しい馬を数多く飼っていた。ところが馬は実戦ではもう必要ではなくなっていたのである。

海警局の戦術に学べ

中国の海軍力で実際的といえるのは、海警局が保有する巡視船だ。大型船とされる満載排水量１０００トン以上のものだけみても、２０１２年は40隻、14年は82隻、20年は１３１隻と増え続けている。この巡視船に機関砲なども搭載し始めているが、それ以上に実戦的なのは「体当たり」戦術である。海警局の大型巡視船は体当たり用に強化されており、漁船は言うまでもなく、海上保安庁の巡視船でも大破もしくは沈没してしまう。

かといって、米軍や海自の艦船が、体当たり攻撃を仕掛ける海警局の巡視船を追い払おうと武器を使用した場合、中国は「軍艦でもない巡視船に先制攻撃を行った」と主張するだろう。つまり、水上艦が「標的」となった事態を、逆に利用しているのである。その意味で、中国海警局は、いま新しい海軍力のパイオニアなのだ。

そこで私が提案するのは、彼らのやり方をコピーすることだ。たとえば10万トン級の安いタンカーを改造して海上保安庁の船として使えばよい。これは尖閣諸島を守るだけではなく、たとえばベトナムのカムラン湾に派遣して、そこに居座らせてもいい。ベトナムは日本にとって、中国と最前線で対峙してくれる最高の同盟国である。菅首相はベトナムと防衛装備品の移転について実質合意したばかりだ。日本の海保の船がカムラン湾に配備されているというだけで、中国に対するプレッシャーになる。

目の前の技術を活用せよ

このように軍事テクノロジーの歴史を見たときに、いくつかの教訓が導ける。まず「歴史の流れを変える」兵器はめったに登場しないということだ。そして、軍隊という組織は、それまでのシステムにない技術の導入に対し、必ず抵抗することである。そのため、画期的な技術ほど、メインストリームでなく、周辺的な場所で発見されることが少なくない。

テクノロジーがどのように発展するか、予測をするのは難しい。私の経験からすると、軍事技術において、次に何がくるかを予想することは、ほとんどは無駄に終わる。やらなければならないことは、まだこの世にない技術を予想することではなく、すでに目の前にあり、実現している技術のなかから、何が有用かをみきわめ、採用することなのだ。現代でいえば、ドローンであり、AIによるデータ解析だ。

これから新しい有人機を開発しようとすることは、テクノロジーを無視しているとしか言いようがない。いまこの瞬間に有人機の開発は止めるべきである。同じことは水上艦についてもいえる。

私たちはドローンとAIという「新しい機関銃」の時代に立ち会っている。このような軍事技術における劇的なターニングポイントは、そうそう発生するものではない。この曲がり角に気がつかず、従来の運用に頼って直進を続けたら、待っているのは大クラッシュでしかないだろう。

第5章　軍事テクノロジーの逆説　エアパワー編

軍法会議にかけられたパイオニア

前の章では、機関銃、戦車、ドローンなど戦場の歴史を変えた兵器を取り上げたが、本章ではエアパワー、すなわち空の兵器を取り上げてみたい。

エアパワーの歴史もまた逆説に富んでいる。多くの人たちは科学技術とは時代が進むにしたがって性能が高まり、有用性が増していくもの、と考えている。しかし、軍事技術については、その進歩史観は必ずしもあてはまらない。新しい技術――それも軍人たちが素晴らしい進歩だと考えたもの――が導入されたことによって、かえって戦略的に後退することがある。すなわち使いにくいものになってしまったり、本来の目的を逸脱して、有効性を失ってしまったり、時には性能面でも劣化してしまうケースさえあるのだ。

ライト兄弟が最初の有人動力飛行に成功したのは１９０３年であるが、エアパワーの歴史はそれからわずか8年後の１９１１年に始まる。この年、イタリアが世界初の航空部隊（空軍）をつくったのである。その任務は偵察から始まり、大砲の着弾観測（スポッティング）、そして爆撃と発展していった。

それにはいくつかの理由がある。そのひとつは、当時、イタリア軍が騎兵隊の士官によって支配されていたことだ。

１９１１年9月、イタリアはオスマン帝国との間に戦争を始めた。いわゆる伊土戦争である。イタリアは当時の主力部隊である騎兵を繰り出して、リビアに侵攻しようと試みたが、そこに広がっていたのはサハラ砂漠だった。馬による侵攻は困難で、自慢の騎兵隊がまるで機能しなくなってしまったのである。

またイタリアの歩兵にとっても、リビアは非常に厳しい戦場だった。トリポリからベンガジまでの距離はおよそ１０００キロ。ちょうど北のミラノから南の端にあるカラブリアと同じくらいの距離にあたる。トリポリやベンガジはまだ沿岸部だったからよかったが、フェザーンなどの内陸部となると、歩兵部隊の消耗も激しかった。

そこで航空部隊の登場となる。2隻の飛行船に加え、28機の航空機による偵察が行われ、オスマン軍に対する爆撃も行った。

ここでエアパワーの最初の教訓を得ることができる。それは、空軍が本当に真剣に何かをやろうとすると、まず海軍や陸軍を排除しなければならないということである。当時のイタリアの航空部隊のリーダーは、ジュリオ・ドゥーエだった。ドゥーエは戦略爆撃の理論を構築し、世界初のエアパワーの理論書『制空』を著《あらわ》した人物としても知られている。彼は全く使い物にならない騎兵隊と歩兵を差し置いて、航空機の機動力をフル活用したが、その前提となったのは、リビアという広大な土地のせいで騎兵と歩兵が無力化したことだったのである。

距離は、それだけで防衛する側に大きな優位をもたらす。ナポレオンやヒトラーがロシアに勝てなかったのも、距離という強敵とも戦わなければならなかったからだ。しかし、エアパワーは距離という砦《とりで》を乗り越えてしまう。その意味で、航空戦力の登場はまさに破壊的イノベーションだった。

しかし、前章で、機関銃について述べたことと同様の事態が、エアパワーにも起きた。つまり軍の既存組織からの拒絶である。

リビアで初の航空作戦が行われた3年後に第一次世界大戦が始まり、ドゥーエはミラノ師団参謀長に任命された。ドゥーエは爆撃専用機の必要性を唱え、カプロニという初の戦略爆撃機の開発にも成功する。これは3発のエンジンを搭載し、最高時速は約１２０キロ、最大で３０００メートルの高度を飛び、約６００キロの爆弾を搭載することが可能だった。

しかし、第一次大戦のさなか、ドゥーエ率いる航空部隊の予算が大幅に削られることとなる。陸軍と海軍の復讐だった。しかも、航空戦力の運用をめぐり、参謀本部と対立したドゥーエは、１９１６年、陸軍大臣への意見上申が上層部批判にあたるとして軍法会議にかけられ、１年の禁固刑のうえ予備役編入、すなわち引退に追い込まれたのである。戦略爆撃という概念を発明した本物のイノベーターであったドゥーエは、軍の保守的な勢力によって貶められたのだ。

その後、ドゥーエの批判が正しかったことが認められ、名誉を回復、陸軍航空局技術部長となる。しかし、上層部との衝突は繰り返され、短期間で辞職している。

無差別爆撃という逸脱

第一次世界大戦を通じて、各国がエアパワーの重要性を認識するようになった。イギリスでは陸軍が航空部隊を持っていたが、１９１２年には12個の有人気球と36機の飛行機を有するのみだった。それが、第一次世界大戦が終結する１９１８年には航空機４０００機と11万人以上の兵士からなる大所帯に成長していた。フランスも、ドイツも、ロシアさえも、大規模な航空部隊を持ち始めたのである。

そこで重要視されるようになっていったのが、ドゥーエが提唱した戦略爆撃だった。当時の爆撃はシンプルなものだった。数百メートルほどの高度を飛ぶ爆撃機から、操縦士が兵器や火薬の工場を目視で確認し、手で爆弾を持って真上から落とすのである。

この初期の戦略爆撃は実際のところ非常に効果的であり、シンプルながら、理にかなったものといえた。戦略爆撃の目的は、敵の継戦能力をそぐことにある。そのため軍事基地や軍需工場などターゲットを特定し、それを破壊することによる効果を分析したうえで、爆撃を集中させることが最も効果的なのである。

しかし、第二次世界大戦になると、エアパワーの使われ方は、「本当の意味で効果的な戦略爆撃」から大きく逸脱していくことになる。

第二次世界大戦を特徴づけるのは、戦略爆撃の「大規模化」であり「無差別化」であった。１９３７年のドイツ空軍によるゲルニカ爆撃を嚆矢《こうし》として、数度のロンドン空襲をはじめとするバトル・オブ・ブリテン、連合国軍によって街の85%を破壊したドレスデン爆撃、東京大空襲、広島、長崎への原爆投下など、大都市への無差別爆撃が繰り返されたのである。そのためにエンジニアリング面での開発・改良は進んだ。より巨大で多くの爆弾が搭載でき、高高度を飛べ、航続距離の長い爆撃機が設計され、より破壊力の高い爆弾が開発された。防御する側は、爆撃機の襲来を察知するため、より良いレーダーを生み出した。

また、この無差別爆撃を正当化する理論も構築された。空軍の理論家たちは、こう説いたのである。「これから爆撃をしますが、爆弾がどこに落ちるかはわかりません。それでも相手にダメージを与えることだけは確実です。そうなると爆撃された人々は自国の政府に対して反乱を起こして、その政府はわれわれに降伏を申し出るでしょう」と。

だが戦略的に考えると、この破壊の大規模化、無差別化は明らかな後退だった。それは多大な犠牲やコストにもかかわらず、効果の乏しいものだったからだ。

まず失われたのは、戦略目標を確実に破壊するための「精密誘導」だった。爆撃機のパイロットたちは地上からの迎撃を恐れ、高高度から大量の爆弾を投下することに専念するようになる。上からターゲットを見定めて、それが火薬工場であり、病院でもなく孤児院でもないことを特定する作業は必要ないとされてしまったのである。

その結果はどうだったか？　たとえば1943年7月から8月、英空軍はドイツの大都市であるハンブルクに対して、延べ3000機に及ぶ爆撃機を出撃させ、約9000トンの爆弾を投下した。これは「火の嵐（ファイヤーストーム）」といわれるものを巻き起こして、5万人を超える民間人が命を落とした。しかし、これほどの大空襲でも、ヒトラーは降伏しなかったのである。イギリスは戦力の約30％を、爆撃航空機軍団に割いていたにもかかわらず、戦争の終結を決定する力は持たなかった。これが無差別爆撃の真実である。

日本においても米軍が１９４４年11月から１００回以上にわたって首都の東京を爆撃し、ことに１９４５年３月には８万人から10万人とされる死者を出す大空襲を行った。

しかし、それだけでは、日本を降伏させることはできなかったのである。日本の降伏は、広島、長崎の原爆、連合艦隊の消滅、沖縄戦、ソ連の参戦などといった複合的な要因でもたらされたといえるだろう。

この「無差別爆撃」という、退化した戦略爆撃の理論はその後も生き残り、多くの犠牲を出しながらも勝利に貢献しない作戦を繰り返すこととなる。その最たるものが、１９６５年から１９６８年まで行われたベトナム戦争での北爆であろう。米軍は２２３万トン（ハンブルク空襲の２５０倍近い数字だ）もの爆弾を投下したが、１０００機以上の航空機を失った上に、敗北したのである。

「砂漠の嵐」作戦の成功

このように第二次世界大戦において、戦略爆撃に対する期待は裏切られた。ベトナムでもあれだけ大量に爆弾を落としたにもかかわらず、戦果は得られなかった。そのため、専門家の間では「戦略爆撃は時間の無駄である」という議論がなされるようになった。こうした議論のいくつかは今でもネットで読むことができるが、戦略爆撃には戦争を終結に導く力はなく、本当の戦争を開始するには陸軍が侵攻する準備が整うまで待つしかない、というのである。

この状況を変えたのが1991年の湾岸戦争だった。

1990年8月2日、イラクのサダム・フセインはクウェートを侵略した。この日は私個人にとっても重要な日のひとつとなった。というのも、この年の1月、私はアメリカ空軍の参謀本部に依頼されて、彼らとの理論研究に参加していたからだ。そのテーマはまさに戦略爆撃であり、「エアパワーの再生」のためのプロジェクトだったのである。

そのプロジェクトの中心となったのはジョン・ワーデンという、非常に頭の良い大佐だった。彼はF‐15の元パイロットであり、非常に知的な人物で、１９８８年には『航空作戦（The Air Campaign）』を著していた。彼の考えは、戦争の遂行に不可欠となるターゲット（標的）を特定し、一気に爆撃を行うことで、敵の継戦能力を奪うというものだった。政治や通信の中枢、エネルギーや経済活動を支えるインフラ設備、軍隊や警察といった戦闘機関などが、そのターゲットとなった。そして、当時の空軍のトップである参謀総長が、彼のアイデアを採用したのである。

この時に重要なのは、サダム・フセインがイラク軍の近代化をはかるために、実に多くの投資をしていたことだった。空軍を拡大し、基地や航空機を増加させ、司令部などの機能も充実させていた。これによってフセインは、アメリカ空軍が戦略爆撃にとって必要としていたもの、つまりターゲットを準備してくれていたのだ。

この当時、アメリカでは実に様々な精密誘導兵器が開発されていた。映像を使った滑空誘導ミサイルや、赤外線式の誘導ミサイルなどが出そろった時期でもあったのだ。

そのために、我々はバグダッド市全体を絨毯《じゅうたん》爆撃し数多くの市民を犠牲にするのではなく、アンテナの付いた建物や、軍の司令部のビル、武器庫や基地など、本当のターゲットだけを攻撃することが可能になったのである。

１９９１年1月17日に始まったこの「砂漠の嵐」作戦で、イラクの指揮通信系統は10分で機能を停止し、数時間後にはほとんどの主要な通信施設が破壊された。つまり「本当の戦略爆撃」が現実のものとなったのだ。

実際にアメリカ空軍が空爆を行ったのは、陸軍の準備が整うまでの16日間に過ぎなかった。そして爆撃後にようやく陸軍が動き始めたときに判明したのは、わずかな数のイラク軍は残っていたが、ほぼ全滅状態だったということである。イラクは通信手段のすべてを失い、軍の司令部も麻痺して機能を失っていた。橋は破壊され、多くの戦闘機や戦車も破壊されたが、これらは最も安価なレーザー誘導式の爆弾を使うことによって達成されたのである。

インテリジェンスの再構築

もうひとつ重要なのは、アメリカ陸軍がイラクに侵攻するまでに6カ月という時間を要したことだった。当時、陸軍と海兵隊はサウジアラビアに50万ほどの莫大な兵力を派遣しようとした。そのために、空軍には実際に爆撃する計画を練るための6カ月という時間が与えられたのである。ここでも「エアパワーが力を発揮するには、陸軍などが邪魔しないことが必要である」という教訓を見出すことができる。

この6カ月のかなりの部分は、空軍参謀本部が「精密誘導爆撃」を実行するための「精密なインテリジェンス」に費やされた。我々がＣＩＡ（中央情報局）、ＤＩＡ（国防情報局）、ＮＲＯ（国家偵察局）、ＮＳＡ（国家安全保障局）など、アメリカのあまたの諜報機関から情報をもらおうとすると、彼らは我々参謀本部の計画チームのところにやってきて、まるで密売人が商品を売るときのように「ここにはこういうターゲットがあるよ」とささやく。彼らは諜報機関の職員だから、自分の言葉が外に漏れないようにドアをしっかりと閉めてから、ひっそりと小声で話す習慣があるのだ。

その情報というのは、たとえば「アブルデスに重要な化学兵器の武器庫がある」といったものだった。それに対して、我々は「アブルデスのどこだ？」と聞き返す。アブルデスというのは巨大な基地だ。しかし、我々が必要としていたのは、その中のどのビルを爆撃すればいいのかという情報だった。我々のミサイルのＣＥＰ（平均誤差半径）は、1〜2メートルぐらいである。つまり基地の人間が食事をする所や寝る所ではなくて、武器庫の場所を知る必要があったのである。これはたとえていえば、渋谷のハチ公像に行きたい、と聞いているのに、渋谷の街全体の場所を教えるようなものだ。

イギリスの諜報機関の例も挙げておこう。イラク軍は戦闘機を格納するためのシェルターをつくっていた。上部は尖った円錐《えんすい》形で、ミサイルがあたっても、滑って直接破壊されないよう設計されていたのである。

そこで、イギリスの諜報員たちは、アメリカの空軍参謀本部に来た時に「イラクのシェルター破壊のためには戦術核を使わなければならないだろう」とささやいた。のちに我々はイランの核施設についても同じ見解を聞くことになる。「強化セメントで作られた円錐形のシェルターに爆弾を落としても、十分な効果が得られない」。

しかし私は、このイラクのシェルターが、サラエボに本社があるユーゴスラビアの企業によって建設されたことを突きとめた。サラエボは食事もおいしく、山に囲まれた美しい都市だ。私がその企業で、イラクで建設したシェルターについて尋ねると、以下のような答えが返ってきた。

「イラク軍は支払いを渋っていて、どんどん値切ってくる。なので我々は、セメントの代わりに砂を使った。そうしないと赤字になってしまうからね」

これを聞いた私は、さっそくアメリカ空軍の装備担当者に伝えた。

当時の最も優れた戦術爆弾はＢＬＵ－１０９Ｂと呼ばれる鋼鉄製の２０００ポンド爆弾だったが、イギリスの諜報機関は、この爆弾ではシェルターを壊せないと主張していた。それに対し、我々は空軍の上層部に、５００ポンドという一番小さな爆弾、しかも鋼鉄製の弾殻もないものでも、イラクのシェルターを壊すのに十分だと進言したのだ。いざ空爆が始まると、イラクのシェルターは小さな爆弾でもいとも簡単に打ち抜けたのである。イギリスの情報部も、アメリカと同じくらい能力が低いことがわかった一件だった。

ここからわかるのは、１９４５年以降、核兵器ができたおかげで、アメリカでは標的を狙って攻撃をする能力そのものが失われていたということである。第二次世界大戦中には、不十分ながらも、インテリジェンス活動によって標的を特定し攻撃する能力が少しずつ進歩した面があった。ところが１９９０年までに、そうしたスキルは完全に失われていたのである。湾岸戦争での空爆作戦に関する限り、何千とあるターゲットの選定において、それまでのアメリカのインテリジェンス活動は役に立たなかった。そのため、アメリカ空軍は、ターゲットの選定において、インテリジェンス機関と別個に作業する必要に迫られたのである。

言い換えれば、アメリカ空軍はこの６カ月間で、まっさらな状態から「戦略爆撃」を再構築しなければならなかったのだ。

戦争の逆行現象

このように、1991年の湾岸戦争は、本当の戦略爆撃――敵の継戦能力に関わるポイントを破壊して、戦争を勝利に導く――を実現させたものだったが、ここでも戦略のパラドックスは発動していた。つまり「非常にパワフルな兵器や戦略が登場すると、相手はその有効性を無力化する方向に動く」ということである。

湾岸戦争ではフセインがイラク軍を近代化させていたために、通信施設などのターゲットが顕在化していた。それらの施設が標的になっていることがわかると、相手はそのターゲットを隠そうとするのだ。

その結果として起きたのは、「戦争の逆行現象」だった。

2001年から続くアフガニスタン紛争を例にとってみよう。

この年の9月11日にアメリカを襲った同時多発テロ事件が起こり、アメリカ政府はアフガニスタンのタリバン政権に、オサマ・ビン・ラーディン容疑者の引き渡しを要求した。しかし、タリバン政権はこれに応じず、２００１年10月７日からアメリカはアフガニスタンへの空爆を開始したのである。

戦争開始当初のアメリカ軍は、グリーンベレーやデルタフォースのような特殊部隊によって構成されており、レーザー目標指示装置などによりB-52爆撃機を誘導し、上空からの空爆を行っていた。つまり、アフガニスタン紛争の初期には、米軍は非常に近代的な戦い方をしていたことになる。

ところが最先端のテクノロジーをもたないタリバンは、そうした超近代的な戦争に付き合おうとはしなかった。つまり兵器や火薬類、情報や指示系統を１カ所に集めることをやめて分散させ、爆撃のターゲットをつくらないようにしたのである。

アメリカとその同盟国たちは、近代的なエアパワーの戦いから、一気に歩兵による、山村の小道での戦いに引き戻された。つまり、タリバンと同じレベルに合わせることを強いられたのだ。もちろんアメリカ側にはタリバンの持っていないような無線や最新の火器といったテクノロジーはあるが、武器を手にして歩き回って戦うほかないという点では、本質的には中世の戦争と変わらない。これが「戦争の逆行現象」である。

軍事テクノロジーの優位が明らかになったとたん、それを無力化しようとする戦略が登場するのだ。

ステルス機の時代

また、エアパワーの世界ではもうひとつ大きな変化が生じている。それは選択肢の減少だ。

ここで空軍の編成とはどのようになされるのか、シミュレーションしてみよう。あなたが空軍に入り、キャリアを積んで、どんな兵器や装備品を購入すべきかを決定する権限が与えられたら、何をするべきなのか。

あなたはどんな航空機がそろっているか、どんな火器があるのかを知るために、わざわざロッキードやマクダネル・ダグラスなどのショールームに足を運ぶ必要はない。実に様々な業者が、あなたのオフィスまでカタログを持って売り込みに来るからだ。

あなたはエアパワーの専門家として、エンジンが単発であったり双発であったり、大小も用途も様々の航空機をチョイスして、望んだ形の空軍の編成をつくり上げていく。そして、これらを組み合わせ、つねにいくつかの選択肢を用意して、実際の攻撃に挑むのである。

たとえば緒戦では相手のレーダーを破壊するために攻撃型ヘリコプターを使ってもいいし、その次に軽爆撃機を使って空爆をしかけてもいい。制空権の優位のために高高度を飛行する戦闘機を投入するのもいいだろう。

こういった選択は、当然、空軍が自らの戦略に基づいて行うべきものだ。自分たちの任務に合った形で、さまざまな機体を調達する上で、最適な構成を決め、そして飛行テストなどを行って、調整や変更、さらには機能の追加などを行う。これが本来の兵器調達のプロセスである。

ところが現在の状況は、こうした本来のあり方からは違う道を進んでいる。

たとえばいま戦闘機を調達したいと思っても、F-35か古い機種ぐらいしか選択肢が存在しない。空軍であろうと、海軍や陸軍であろうと、またブルガリアの戦闘飛行団であろうと、みんなF-35を使うしかないのだ。

1960年から1996年まで米軍で運用されていたF‐4ファントムは最高速度がマッハ2・23で、F‐35の3倍の爆弾を搭載可能だった。1978年から採用されたF‐16と比べても、機動性や加速性能でF‐35は劣っている。しかも価格はF‐4が2400万ドル、F‐16が1880万ドルであるのに対し、F‐35は最も安いタイプでも8000万ドル近くするのだ。しかし、実際に買える戦闘機はF‐35だけ、というのが現状なのである。

このような理不尽な状況を正当化しているのが、「ステルス性」である。ステルス性とはレーダーなどに探知されにくいという意味だ。この性能を獲得するために、F‐35などのステルス機はレーダーを反射する面積を小さくするため、機体の制御が難しく、爆弾やミサイルを外側に装着することもできない。しかも電波を吸収する特殊な塗料が必要なので維持や整備にも高いコストがかかる。しかし、それらの欠点があるにもかかわらず、各国の空軍の上層部はこぞってF‐35を導入しようとし、いまでは他の選択肢が存在しない状況になっているのだ。

このステルス機の開発をめぐっても、テクノロジーと軍事組織の間でしばしば生じる滑稽なミスマッチを見ることができる。

アメリカが本格的なステルス機を開発したのは１９８１年のことだ。Ｆ－１１７攻撃機がそれだが、１９８８年まで公表されなかった。そして１９８９年にはやはりステルス機であるＢ－２戦略爆撃機が初飛行を果たしている。

このステルス機の存在を知ったとき、ソ連は強い危惧と同時に怒りを感じたはずだ。なぜならステルスに関する理論は、１９５７年から１９６２年にかけて、ソ連の科学者ピョートル・ウフィムツェフによって構築されたものだからである。しかし、ソ連では彼の研究は無視された。なぜなら、彼の発見が本当の意味でのイノベーションであり、まったく新しい技術だったからだ。多くの軍事組織が求めているのは改良であって、まったく新しい技術ではないのだ。

ウフィムツェフはこのアイデアをソ連空軍に持っていったが、受け入れられなかったので、論文として発表することにした。それが英語に翻訳されて、ロッキードやノースロップのエンジニアの目に留まったのだが、その背景には、ソ連製の地対空ミサイルで多くの米軍機が撃墜されていたことがあった。ソ連の対空レーダーの目をくらませる必要があったのである。

　ここで注意しなくてはならないのは、戦略の世界には「直線的なロジック」というものが存在しないということだ。たとえば非常に斬新かつパワフルな兵器が登場したとする。しかし、その兵器は非常に斬新かつパワフルであるがゆえに、その効力を発揮するのが難しい、というケースがありうるのだ。

　多くの場合、斬新かつパワフルな新兵器は、以下のようなライフサイクルをたどる。

　まずは第一段階。非常に斬新であるため、その使い方がよくわからず、配備されている数もきわめて少ないという状況がしばらく続く。

　第二段階。配備数が増えてきて、実際に使われるようになる。この間、新兵器は優位を発揮する。

　第三段階。各国の軍隊にとって、そのパワフルな新兵器への対処が重要課題となる。そのパワフルな新兵器の効力を削《そ》ぐための研究が進み、やがて「普通の兵器」となっていく。

　私はステルス技術の第一段階を覚えている。湾岸戦争で、最初のステルス攻撃機であるF−117が実戦に登場したときのことだ。このときのF−117は確かに「見えない存在」だった。なぜならイラクのレーダーは、すでに破壊されてしまっていたからだ。実際のところは、ボーイングの旅客機が上空を通過しても、イラクのレーダーに映ることはなかっただろう。

第二段階については、第二次世界大戦の後半、ドイツ軍が開発したメッサーシュミットMe−262というジェット戦闘機を例に取ろう。これはわずか4年間という短期間で開発され、連合国のどの国も追いつけなかった。1944年に、アメリカやイギリス、そしてロシアのパイロットがこのメッサーシュミットMe−262に直面したが、技術的にはドイツ側が完全に上回っており、まともに戦えば勝つ可能性はゼロだった。残念ながらドイツではすでに燃料もパイロットも枯渇し、生産体制もボロボロだったので、その真価を十分発揮できたとはいえず、メッサーシュミットは数カ月間活躍しただけで、すぐに戦争が終わってしまったのだが。

しかし、第二次大戦がもしあと数年間続いていたらどうだっただろうか。おそらくメッサーシュミットMe−262の優位がずっと続くことはありえなかったはずだ。

なぜなら、それへの対抗策を、相手が開発するからである。

パワフルな新兵器を作ると、しばらくは「向かうところ敵のない楽しい日々」がやってくる。しかし、それがパワフルであればあるほど、相手側も必死で対抗策を研究する。もちろん、対抗する新兵器をあっという間に作るということはできないので、まずは戦術レベルや作戦レベルでの対抗措置から始め、しばらくすると、技術レベルでの対抗措置を開発するようになる。それが第三段階だ。

たとえば、第一次世界大戦でイギリスは、戦車を初めて実戦投入した。もちろんドイツはその当初は何も対抗できなかったが、しばらくすると溝を掘って、対戦車銃を隠すなど、戦車への対抗戦術を考案するようになった。

ステルス機に話を戻すと、せっかく自国で発見されたステルス研究を生かすことができなかったソ連は、逆にステルス技術を克服しようと決意した。そして、これまでと違った周波数を使ったレーダーや、バイスタティック・レーダー（送信機と受信機を離して設置し、レーダー波を捕捉する装置）などを開発し、１９９９年には、すでにステルス技術を無効化するところまで行った（そのころにはソ連という国はなくなっていたが)。逆にいえば、ステルス技術への対抗策を開発するために、それだけ多くのリソースを投入させたことにこそ、ステルス技術の戦略的な有効性があったともいえるだろう。

いずれにせよ、導入↓優位↓対抗というプロセスを経て、新しい兵器は、効力の「限界点」を迎える。そこから先は下り坂であり、戦闘の結果を変える力を持たなくなるのだ。

エアパワーの将来を考える上で、このようなプロセスを念頭に置くことは重要だ。つまり、ステルスはすでに効力の限界点を通り過ぎた技術であり、これをもとにして将来のエアパワーを構築することはできないのである。そういった中で、日本の航空自衛隊を含む空軍にとって、入手できる戦闘機がF-35しかないというのは、実に危機的な状況だといえる。

ソ連発のヘルメットディスプレー

ただしＦ－35の目覚ましい新技術はステルスだけではない。様々な新技術の中でも、本物のイノベーションと呼べるのは、全周囲視界のヘルメット搭載型ディスプレーだろう。

たとえばＦ－35に乗り込んで、敵の戦闘機がやってきたとする。その敵機に視線を向けると、センサーがヘルメットの回転を察知して、ミサイルもそちらを向いてロックオンできるようになっているのだ。つまり、飛行機の向きを変えることなく、頭をそちらに向けるだけで攻撃を仕掛けることができるのである。

ここでも興味深いのは、このヘルメット搭載型のディスプレーを開発したのが、やはりソ連だったことだ。１９８３年から運用されているＭｉＧ－29のために開発されたのである。

米陸軍もヘリコプター向けにヘルメット搭載型ディスプレーを開発していたが、陸軍と空軍の間には大きな距離がある。いわば日本とトンガくらい離れた存在だ。米陸軍がヘルメットディスプレーのアイデアを思いついても、米空軍にまでは届かなかったのである。

　では、どのようにして米空軍にヘルメットディスプレーの技術が伝わったのだろうか。そのきっかけは東西ドイツの統一だった。西ドイツが東ドイツの空軍を吸収し、ヘルメットディスプレーを搭載したＭｉＧ－29も手に入れたのである。そして実際に空に飛ばしてみると、そのヘルメットディスプレーのおかげで、ＭｉＧ－29は模擬の空中戦に全て勝利をおさめ、その機動性の高さが証明された。そして、ドイツ空軍は、ヘルメットディスプレーがなければ空中戦に負けると結論づけたのである。

　それでもアメリカ空軍の反応は鈍かった。アメリカでもＭｉＧ－29を入手し、かなり大部の報告書を作成したが、そこで指摘されていたのは、ＭｉＧ－29の塗装が雑で、レーダーのうつるスクリーンも暗くてよくわからないということだった。さらにエンジンも非効率で燃料をたくさん消費するという分析もなされていた。こうしたピントの外れ気味の分析をするばかりで、ヘルメット搭載型ディスプレーの開発に乗り出そうとはしなかったのである。そしてドイツ空軍に対しては、「我々はもっと優れたディスプレーを開発中だ」と回答しただけだった。

一方、急いでベルリンに出かけたのがイスラエルだった。彼らは、敵となるシリアがMiG-29を購入したことを知り、対抗措置を講じなくては、と考えたのだ。ドイツで実際にMiG-29を飛ばしてみたイスラエルの軍人は、たった1ページの短いレポートを書いた。その結論は、ヘルメット搭載型ディスプレーを開発しなければ私たちの命の保証はない、というものだった。そこからイスラエルは独自の開発を進め、最終的に米空軍に供給するようになった。実はF-35のヘルメットディスプレーでも最も先進的なものは、イスラエルのエルビット・システムズ社が開発したものなのである。

ビル・ゲイツの有名な言葉に、「誰でも何か新しいモノを作ることはできるが、それをコピーするのには、天才の存在が必要だ」というものがあるが、まさにF-35のヘルメット搭載型ディスプレーはそれにあたる。

軍事技術において重要なのは、実は独創性ではない。新技術を開発し、実際に使用するまでに10年もかかるのでは意味がないからだ。なぜなら、その10年のうちに、テクノロジーは新しい段階に進んでしまっているのである。重要なのは、いま目の前にある技術を、戦略的に使うことだ。すでに存在する技術を画期的に使用することこそ、軍事テクノロジーの要諦といえる。

第6章　戦略のパラドキシカル・ロジック

「木の枝」と「ヘビ」の寓話

これまで私は本書のあらゆるところで、戦略のパラドックスについて論じてきた。この最後の章で、あらためて戦略の「パラドキシカル・ロジック（逆説的論理）」について整理しておきたい。というのも、戦略の世界の論理は、その他の世界とはまるで違うからだ。ビジネスの世界ならば、より巨大な企業が小さな企業を従え、ときには呑み込む。また利益を多く出した企業が勝ち残っていく。そこには直線的なロジックが存在する。しかし、戦略の世界には直線は存在しない。そのことは、なかなか理解されていない。

本書のテーマである中国は、その最たる例だ。彼らは「弱者は必ず強者に従う」と考える。世界が中国にひれ伏さないのは、自分たちの強さや大きさが十分ではなく、強硬さが足りないからだ、と考える。その思考自体、戦略のロジックをまったく理解できていない証拠なのだ。

戦略の「パラドキシカル・ロジック」を動かすのは、二つのシンプルな要素である。ところがこの二つの要素が組み合わさると、まったくシンプルなものではなくなる。

第一の要素は、国家、軍隊をはじめとする、あらゆる組織の性質だ。組織というのは、その他の組織から独立した状態を維持したいと考えるものであり、他の組織を服従させようとするものだ、ということ。あらゆる組織は何かを決定する際、制約のないフリーハンドであることを望むし、他の組織がそれに異を唱えないこと、自分たちの決定に従うことを望む。

第二の要素は、他のあらゆる組織も同じように考える、ということだ。

そのため、何かアクションを起こせば、必ずリアクションがある。他の組織を服従させようとすれば、必ず相手は服従しなくても済む方法を考え、実行してくるのである。当然、こちらは相手のリアクションを予期しなくてはならない。すると、相手もこちらの予測を織り込んだ手を打ってくるだろう。こうして戦略のロジックは、たった二つの要素からなっているのに、おそろしく入り組んだものになっていくのである。

中東にはこんな寓話《ぐうわ》がある。ある人が道端に落ちていた木の枝を拾おうとしたら、実はヘビだったという話だ。

相手が「木の枝」であれば、何の問題も生じない。「木の枝」とは、何も意思を持たない存在だからだ。しかし「ヘビ」ではそうはいかない。うっかり手を伸ばせば、鎌首をもたげ、嚙みついてくることもある。

戦略の世界に「木の枝」は存在しない。しかし、相手のことを「意思を持たない木の切れ端」のように思い込んでしまう現象は常に発生している。

アメリカを「ヘビ」にした真珠湾攻撃

たとえば真珠湾攻撃のケースを考えてみよう。

戦前の旧帝国海軍は、それ自体巨大な組織だった。巨大な組織においては、内部でも意見の相違があるのがむしろ常態だ。だが何か目標を決めて行動しようとなると、リーダーの言うことに従って行動しなければならなくなる。内部の意見統一自体が、組織の第一課題となってしまうのだ。

しかし、国内においても様々な組織が存在する。海軍にとっては、陸軍や政府などがそれに当たる。こうして国内の意思統一をはかる際にも、気にしているのは、自分の属する組織の内部だけ、という状況が生まれる。

そのとき、見失われるのが、本来の敵であるはずのアメリカの存在だ。外部の存在を「木の枝」だと思いこんでしまうのである。

１９４１年12月の真珠湾攻撃に至るまでに、日本で「ハワイを攻撃したらアメリカはどういう反応をするのか」を〝真剣に〟考えた指導者たちはいたのだろうか。そもそもアメリカ人はどういう人々なのかを、本気で考え、研究を重ねていたのだろうか。日本側のアメリカ観は、「アメリカは中国について不満を言って騒ぐわりには、何もしてこない」というものだった。日本の指導者たちが相手にしていたのは、自分たちが「発明《インベント》」した「幻のアメリカ人」だったのである。１９４１年７月の南部仏印進駐の時点でも、まさかアメリカが戦争につながるような石油の全面禁輸を行うとは思ってもいなかった。つまり、「アメリカは弱い」と見ていたのだ。

もちろんアメリカは経済的には世界恐慌から立ち直っておらず、不況にあえいでいた部分はあるのだが、それでも日本よりもはるかに経済規模は大きく、鉄鋼の生産量は圧倒的だった。すでに１００万台以上の車を生産していたし、この工業力をつかえば航空機を何千機もつくれるということを意味していた。

そうした数字自体は、日本の指導者たちも知ってはいた。だからアメリカが対日戦争に本気になる前にやれ、という者もいたほどだ。つまり、「アメリカが弱い」というのは「アメリカが戦争に意欲的ではない」ということである。そして、その意味では実際に「アメリカは弱かった」のだ。国内の意見が分裂していたからである。

実際のところ、ルーズベルト大統領が「ドラフト」と呼ばれる選抜徴兵制を成立させたのは、１９４０年9月、真珠湾攻撃のわずか1年ほど前のことだった。しかも上院議会ではたった1票差で、まさにギリギリで成立したのである。その当時は、すでにドイツが欧州を席捲しパリを陥落させており、イギリスは孤立していた。それでもアメリカは参戦していなかった。そこでアメリカのルーズベルト大統領は、アメリカ国民に対して「最低限の軍隊をつくれるようにしてほしい」と嘆願したのだ。当時のアメリカ軍はポルトガル軍よりも規模が小さいほどだった。

それまでのアメリカは弱かった。なぜ弱かったのかといえば、人間の集団の強さというのはユニティ、つまり「まとまり」にあるからだ。まとまりがなければその集団は弱いのである。

真珠湾攻撃はこのような状況を劇的に変えてしまった。欧州の大戦を目の前にしても、参戦で意思統一できなかったアメリカの国論を、一気にまとめてしまったからだ。これによって、日本はルーズベルト大統領を助けてしまったのである。

真珠湾攻撃では、戦術的には、日本は綿密な計画を組み立てていた。航空機によってどのように停泊している戦艦を爆撃すべきか、そもそもどうやって真珠湾まで到達すべきか。これらは大変な難問だった。真珠湾の近くまで空母を持ってきてもいいのだが、それだとアメリカの飛行機によって見つかってしまう。だからと言って離れたところから艦載機を飛ばしても、遠すぎると航続距離が足りなくなるし、搭載できる魚雷や爆弾の量も限られてくる。このバランスなどを計算するのは容易なことではなかった。テクノロジーの面でも、日本が艦載機から投下した魚雷は、改良に改良を重ね、当時としては最も複雑な機構のものであった。これらすべてに成功し、真珠湾攻撃を成し遂げたのである。

ただ、日本はたったひとつのことを間違えていた。それは、アメリカを「木の切れ端」だと思って、「ヘビ」だと考えなかったということだ。アメリカは「ヘビ」だった。いきなり摑みかかられたために、それまで分裂していたアメリカ人たちは憤激し、分裂状態は一気に解消してしまったのだ。

つまり真珠湾攻撃の本質は、非常に困難で英雄的な行為によって、アメリカをまとめたことにある。その戦術的成功が大きかったがゆえに、戦略的には最悪の一手だったのだ。

「最短ルート」には敵が待っている

戦略のパラドキシカル・ロジックが発生する理由は、こちらが何かを仕掛けると、必ず相手はそれに抵抗するという点にある。しかもそれは戦略の階層のレベルごとに異なるダイナミズムを持っている。

もっとシンプルに考えてみよう。あなたが東京から大阪に向かうとする。いや、京都にしよう。京都のほうが美しいからだ。もちろんあなたは最短ルートとして、新幹線に乗って京都に行きたいと考える。もしくは東名高速を使って車でいくのもありだ。新潟回りでいくことなどは考えないだろう。

ところがこのような最短ルートは、戦略の世界ではけっして選択されることはない。なぜなら、敵はこの最短ルートの途中であなたを待ち受けているからだ。あなたが選ばなければならないのは、相手が予期しないルートなのである。

つまり、戦略では「直線」はありえない。すべての戦略では、まがったり、回り込んだり、ジグザグに進むことが求められるのだ。直線ルートは最悪の道であり、最高の道は回り道なのだ。

われわれがここで発見したのは、戦略の世界ではすべてが反対に働く、ということだ。そして人類のあらゆる失敗を生んできた原因は、この事実を常に忘れてしまうことにある。彼らは何か物事を始めたとして、それが常にスムーズに終わるものと期待してしまいがちだ。つまり、「木の切れ端」を扱っているようなものだと勘違いしてしまうのである。ところが、そうならない。敵は「ヘビ」のように抵抗してくるからだ。その意味で非常に重要なのは「サプライズ」である。もし「ヘビ」が寝ているところを捕まえることができれば、「木の切れ端」と同じように扱えるからだ。だから奇襲はいつも有効な作戦である。予期しない攻撃にあえば、人は誰でも一定の時間は何もできなくなるからだ。

つまりサプライズとは、相手にリアクションを起こさせないということだ。そのときには戦略は必要でなくなる。サプライズの状態にあるときは、敵の存在は「木の切れ端」と同じになり、こちらの思うようにことを進めることができるのだ。多大なる犠牲を払ってサプライズを行わなければならない理由はここにある。

だから日本海軍はサプライズとして、真珠湾攻撃を行った。もしアメリカがハワイ諸島だけであり、そこに真珠湾攻撃をしかけたのであれば、日本は第二次世界大戦に勝っていただろう。ところが言うまでもなく、ハワイはアメリカのごく一部に過ぎない。真珠湾攻撃から1年もすると、アメリカは目を覚ました「ヘビ」となっていた。そして、日本側のアクションに対して、強烈なリアクションを行ったのである。これがひとつのレベルにおける真実である。

勝利が敗北の原因となる

戦略のパラドックスにはもっと高次のレベルがある。なかでも最も重要なもののひとつは、勝利と敗北の関係である。真珠湾攻撃もそうだが、勝利が敗北の原因となるのである。

たとえば戦闘で勝利を重ねることは、前進することを意味する。そして領地を拡大することになる。それは自国から遠ざかり、敵国の中に向かうということだ。すると、勝利して前進することによって戦闘力は落ちてくることになる。これは兵站《へいたん》上の問題でもあるし、行軍している兵士の疲労度も増す。敵地に深く入り込むと、それだけ補給線は伸び、脆弱になる。トラックで侵攻しても燃料を使い果たしたら、そこで立ち往生してしまう。つまり、あらゆる戦闘の勝利が敗北に貢献するのである。

こうした例は歴史上、あまりにも数多く見つけることができるが、最も知られているのは、ナポレオンのロシア遠征だろう。このとき、ナポレオンは70万人近い陸軍を率いていた。この作戦でナポレオンは補給を重視し、ロシア軍の早期の殲滅《せんめつ》を目指していたが、後退を続けるロシア軍を追い、とうとうモスクワまで進んでしまったのである。ナポレオン軍の進撃の一歩が、すなわち敗北への一歩となったのだ。

　これは個別の戦闘だけでなく、国家についても言えることだ。帝国が拡大すれば、必ず敵に恨《うら》まれることになる。まだ攻められていない隣国も警戒を強める。全世界を支配しない限り、拡大する帝国は、確実に周囲からの抵抗にあうのだ。

　そこで「チャイナ4・0」を思い浮かべてほしい。現在の習近平が狙っているのは、世界の全ての政府を、北京に対して従順にさせるか、少なくとも尊敬させることである。そして、習近平は、それを中国をさらに拡大し、強大なものにすることで実現しようとしているのだ。

　国が拡大すれば、たしかに国力は強くなるだろう。ところが国力を強めると、他の国々が将来を懸念し、やがて恐れ始めることになる。強力になった国がすべきことは、まだ征服していない国々と同盟を組むことだ。そして、自分の国の強大化が、少なくとも同盟国には脅威を与えないことを保証しなくてはならない。

前にもあげたワーテルローの戦いの例をみてみよう。ナポレオンはフランスだけでなく、スペイン、ドイツとイタリアのほとんどを征服し、自らをフランスの皇帝ではなく、ヨーロッパの皇帝だと考えていた。そしてこれは事実であった。全ヨーロッパを支配することで、敵のいない状態をつくり出そうとしたのだ。

ところがナポレオンの「帝国パズル」にはいくつかの抜けていたピースがあった。このピースのひとつがスウェーデン王国である。のちに国王カール14世となる王太子ヨハンは、もともとフランス人であり、ナポレオンの配下の将軍でもあった。しかし、スウェーデンの王太子になったとたんに、まさにスウェーデン人のように考えるようになり、ノルウェーの獲得をめぐって、ナポレオンと対立することになる。

こうしたスウェーデンのような、フランスに従わない国々に、イギリスは声をかけていった。ポルトガルがフランス軍の侵略を受けたときには、イギリス海軍がポルトガルの女王をブラジルまで送り届けており、ロシアにもマスケット銃を10万丁も送っているのだ。

ナポレオンに抵抗した国々には、もともと友好関係にない国もあったし、それどころか互いに忌み嫌っているケースさえあった。それが反ナポレオンという一点において、強制的に「兄弟」にさせられたのだ。この反ナポレオン同盟は、1815年のワーテルローの戦いにおいて頂点を迎えることになった。14カ国がその同盟に加わった。イギリス軍の兵力はたった2万に過ぎず、それ以外の20万はすべて同盟国だった。この同盟=ユニティをつくり出したのは、ナポレオン自身のパワーだったのである。

戦略の世界では、強さは弱さになる。弱さが強さになる。これを言い換えると、ここまで繰り返し論じてきたように、「大国は小国に勝てない」ということになる。

ベトナム戦争でのアメリカも同じ問題に直面した。ベトナムは小国であった。中国はベトナムを好きではないが、恐れていない。ソ連ももちろんベトナムを恐れていない。しかし、アメリカは大国であり、その力を、中国もソ連も恐れた。だからこそ中ソはベトナムを支援したのだ。当時、中ソはイデオロギー闘争や国境紛争など、さまざまな面で摩擦を抱えていた。それでもベトナム戦争ではともに北ベトナムを支えたのである。

しかし、この法則は、中規模国にはあてはまらない。だからこそフォークランド紛争で、イギリスはアルゼンチンに勝つことができた。アルゼンチンは小国ではなく、中規模国だったからだ。隣国のチリはイギリスに空港を使わせてくれたし、ブラジルも燃料補給を許可した。そして、どの大国もアルゼンチンの味方はしなかった。もしフォークランド諸島が小国であるウルグアイに属していたら、イギリスは紛争に勝てなかっただろう。ブラジルやアルゼンチンが、ウルグアイの助けに入り、イギリスへの協力を拒むからだ。

戦略とビジネスの違い

また戦略の世界で忘れてはならないのは、「戦略はルールには従わない」ということだ。ビジネスも戦略も激しい競争であることは変わらないが、ビジネスの世界ではルール（法律）に従って戦わなければならない。それに反すれば、経営者が逮捕されたり、営業停止処分を受けたりする。

それに対して、本物の戦略的状況では、究極的にはビジネスのようなルールは存在しないといってよい。もちろん、国際法というものはあり、国際連合という組織も存在する。しかし、国際法に違反した国を強制的に消滅させたり、指導者を拉致したりするのを禁じるようなルールはない。それを可能にするのは戦争だけだ。紛争の真に最終的な解決方法は、いまなお、戦争しかないのである。これは認めない人も多いかもしれないが、まぎれもない事実である。

それは戦略が、究極には国家の生存とかかわっているからだ。生存が脅かされたら、どんな手段でも使うほかない。それでなければ生き残れないからだ。「戦略（安全保障）はつねに経済よりも優先される」という法則は、ここから導かれる。

ビジネスと戦略の違いについて、歴史の事例をみてみよう。16世紀のはじめ、ポルトガルの商人は、大きな帆船でアフリカ大陸の南端を回り、インドのゴアまでやってきた。あまりの距離や、途中で船が沈没したり、船内で伝染病が蔓延《まんえん》したりするリスクが大きかったので、ヨーロッパでは競争相手がいなかった。そこでインドから大量のスパイスを欧州に運んで大儲けした。

ところが、それ以前からインドとの交易を行っていたのがイスラム商人だった。彼らは中東の港町からダウ船を使ってインドまで行き、物資や商品を取引していた。そこから荷物を積み替えてキャラバンをつくって、ヨーロッパにも売りつけていたのである。彼らイスラム商人は、ポルトガル商人にとって、厄介な競争相手だった。

そこでポルトガルが考えついたのは、艦隊を送って、アデン湾やホルムズ島を大砲で攻撃し、占拠してしまうことだった。こうなるとビジネスというよりも戦争である。ビジネスはルールによって制限される競争であり、価格競争や徹夜で良い製品を開発したりするなどやり方は様々だが、それでもライバルを銃殺するわけにはいかない。ところが戦略においては、相手をいきなり撃ってもかまわないのだ。

しかし、実際に敵を攻撃してしまうと、そこからは戦略の世界に入る。攻撃を受けたほうもまた、あらゆる手段で抵抗するだろう。だから、どこも簡単には敵にミサイルを撃ち込んだりはしないのである。

アングロサクソンは、歴史的に、こうした使い分けが得意な人々である。

彼らのやり方は大きくわけて三つある。ひとつは、相手と経済的に競争するというものだ。これはビジネスの世界に属する。イギリスやアメリカは、どのようにやれば商売がうまくいくのかを研究しており、多くの成功を収めてきた。そのなかには、ビジネスのルールづくりも含まれている。彼らは多くのプレイヤーが参加でき、円滑にビジネスができるようにするルールづくりが非常にうまい。そして、多くの場合、そのルールは彼らにとって最も都合よくできているのである。

ところがこのビジネスの次元でうまくいかなくなると、第二段階として、暴力を使いはじめる。戦いをはじめるのである。これはポルトガルが中東の港町を占領したようなものだ。

さらにアングロサクソンには第三の手がある。それは相手に対してレクチャーするというものだ。彼らは法律や法の支配というものを心得ているので、法律、民主主義、自由のような概念を使いながら、相手を諭《さと》しにかかるのである。

彼らはこれらの手段を組み合わせてくる。暴力的な手段に訴えながら、「これはお前が法を守らないからだ」と、ルールをかざして攻めてくるのだ。現在の中国はアングロサクソンと戦っているわけだが、たとえば朝に「国際法を守れ。人権を守れ」と説教しつつ、午後には空爆してくるのがアングロサクソンなのだ。

それに対して、当然、中国は反発するが、彼らは中国人同士で議論することに忙しく、「他国の人間」というものが存在することに気がつかないでいる。これは北京からきた外交官がわざわざアメリカのテレビで「アメリカ人は中国人のことをまったく理解できないが、それは単純だからだ」などと平気で発言してしまうことからもよくわかる。彼はアメリカで親善外交を展開するはずだったのに、である。

ロシアのやり方は違う。彼らはハンターなので、静かに物事をみて、隠れて行動する。アメリカ人のように倫理面で大騒ぎすることもなければ、中国人のように他者の存在が見えないということもない。これはＳＮＳなどにおける情報戦やサイバー関係の工作でのロシアの優秀さを見ればよくわかる。２０２０年の暮、アメリカの「ソーラーウィンズ」社というサイバーセキュリティ企業が、ロシアのハッカーによってハッキングされたが、この会社の製品は、アメリカの国務省や軍、ＦＢＩ、商務省、財務省、多くの大企業などに売られていた。すでにいくつかの省庁などで被害の報告が上がっている。

このような事例はいくつも挙げられる。そのため、戦略の専門家たちは誰もが「ロシアは小国ではない、やはり大国だ」と認識している。経済規模はイタリアや韓国と同等なのにもかかわらずだ。そういう意味で、ロシアの情報戦は、中国よりも十数倍の力があるといえるだろう。

戦争と平和の逆説

もっと大きな「戦略のパラドキシカル・ロジック」として、戦争と平和の関係を考えてみよう。これは『戦争にチャンスを与えよ』（文春新書）でも論じたことだが、あらためて述べておきたい。

平和はどのように実現するのだろうか？　その実現の仕方については、二つの理論が存在する。

ひとつ目の理論はかなり新しいものだ。国連に大国ばかりが集まった安全保障理事会があり、そこで働く人々は優秀な人ばかりで、ある二つの国が言い争いをしている時に、「君たち喧嘩はやめたまえ。戦争はよくない。死者が出てもいいのか。よりよい和平交渉をすべきだ」とアドバイスすることで、平和が実現する、というものだ。ところが、これが効果をもつことはあまりない。

もうひとつの理論は、外交官の話し合いなどではなく、戦争こそが平和をもたらす、というものだ。まさに戦略のパラドックスそのものである。

戦争を始める側は、「勝てる」と思って戦争を開始するものだ。そもそも勝てると考えていなければ、戦争を始めることはない。一方、戦争を仕掛けられた側は「負けるわけにはいかない」と思っているから、応戦する。小国が大国に攻撃されたとしても、そのまま敗北を認められなければ、戦うことを選ぶだろう。

ところが戦いが始まると、当然だが、人が死に、建物なども破壊される。国民の生活も苦しくなってくる。すると、戦おうとする意志もだんだんとトーンが下がらざるを得ない。そして損害があるレベルにまで達すると、当初は「この島を奪還するまでは戦う」と言っていた国民たちも、「この島などなくても生きていけるのではないか」となるのだ。

戦争から平和になる道は二つある。ひとつはリソースを消費してしまうことだ。たとえばもうこれ以上銃や戦車や戦闘機がつくれなくなったり、食糧が枯渇してしまったり、人が足りなくなってしまえば、継戦は不可能になる。

そしてもうひとつは、国民のメンタリティの変化である。

たとえばあなたが湘南のビーチで海に飛び込み、そのまま沖縄まで泳いでいこうと考えたとする。数キロ泳いだところで、「疲れたなぁ、もう行くのはやめよう」と諦めるはずだ。これが戦う意志を失うということだ。これは戦争において、劣勢な側はもちろん、優勢な側でも起こりうる。

その意味で、戦争は平和をもたらすまでのプロセスなのだ。戦争そのものが人々を平和を受け入れるように追いやるのである。そこではじめて外交官の出番となる。彼らの仕事は、ダメージをより少なくして合意に至ることだ。もし彼らが優れたインテリジェンスや情報をもっていれば、本来ならば10年かかった戦争を8年で止められることになるかもしれない。

この「戦争が平和をもたらす」という命題には、逆命題がある。「平和が戦争の原因となる」というものだ。なぜそうなるのだろうか？

平和なときに、人々は戦争を恐れない。これには二重の意味がある。戦争が起きるとどうなるかということを理解していないので、それを考えようともせず、アグレッシブに動いてしまうという危険性だ。たとえば政治家や外交官なども、自分たちが戦争に行って戦うわけではないので戦争を恐れない。つまり、平和なときには、人々は無責任な存在になるのである。

もうひとつは、脅威に注意を払わず、何の準備もしないということだ。防衛に予算を回さないし、自ら犠牲になって国を守ろうという気を起こす人間も少なくなる。生存のために当然やるべきこと、つまり自分の身を守ることを、面倒だと感じるような雰囲気をつくってしまうのである。そうなると、国が弱くなり、攻撃も受けやすくなってしまうのだ。

たとえば台湾に行けば、実に平和なところだと誰もが実感する。若者は徴兵されていないし、軍のパレードや行軍を見ることもないし、学生や主婦が射撃の訓練をしているところを見かけることもない。もし台湾有事が現実のものになるとすれば、その一因はこの平和にある。

もし台湾が本気で戦争に備えようとすれば、その国防は極めて強固なものになるはずだ。大陸から離れて位置する島国で、沿岸部は上陸には適さない場所ばかりだ。２０００万人を超える人口を有し、経済的にも繁栄していて、必要な装備は十分整えることができる。しかし、彼らは他国の人間に自分の国を守ってくれるように頼んでいるのである。台湾がしっかりと戦争への備えをできていたら、隣国であるフィリピンや、尖閣諸島で問題を抱える日本を助けることもできたはずだ。

戦略では、世間一般の常識とは正反対のことが起きる。だからこそ、戦略のロジックを意識的に学び、身につけなければならない。それは国家や個人の生存に関わる最重要課題なのだ。

中国というパラドックス

中国をテーマにした本書を、中国をめぐるパラドックスで結ぶことにしたい。これまで中国外交のまずさを戦略面で論じてきたが、その背景にはおそらく彼らが持つ文明論的、歴史的な欠如が存在している。

そもそも大国、強国というものは、小国に比べて、外交や戦略に対して鈍感であることが多い。小さな問題ならば力で威圧できるし、その国が巨大ならば巨大なほど内政に多くの問題を抱えているために、外政に対して十分かつ集中的な関心を持ち続けられないのだ。なかでも中国の指導者は、他の大国、アメリカやロシアの数倍の人口を抱えており、天変地異から民族問題、特殊な経済など、多岐にわたるトラブルに常に直面している。

さらに中国の特徴としては、そうした脅威に対し、非常に慎重に対応することが挙げられる。そのよい例が、２０１１年に起きた、いわゆる「アラブの春」へのリアクションだ。このとき、中国でも中東諸国にならって、ささやかなデモが行われた。すると、中国はこれに過剰に反応してしまい、圧倒的な数の武装警察や機動隊などを起きてもいない暴動を鎮圧するために出動させたのである。そして、特に何をしたわけでもない「人権活動家」や「民主化論者」たちを次々に逮捕して、大事《おおごと》にしてしまった。これは近年の民族弾圧にもあてはまる構図だ。北京政府は自分の起こした過剰なリアクションに自ら驚いて、さらに過激な措置を行い、事態を完全にエスカレートさせてしまうのである。

中国の指導者たちがこれほどまでに「危機」に過剰反応するのは、おそらく自分たちの正統性《レジティマシー》の欠如に気づいているからだろう。そのひとつは、選挙によって選ばれていないため、国民の支持という正統性を得られないことであり、もうひとつは社会主義を投げ捨ててしまったことで、イデオロギー的な正統性をも失ってしまったことである。

そして、文明論的にみて、中国の最大の欠如は、彼らが「他者」を認識しないということだ。ヨーロッパでは、似たような規模の、そしてそれぞれに異なった成り立ちの国々がひしめきあっている。そこでは数百年にわたって、戦争が繰り返され、講和がなされたり、同盟が結ばれたりしてきた。そのなかで進化してきたのが、いわゆる外交《ディプロマシー》であり、国際政治である。そこでの大前提は「国家には力の差はあるが、形式的には平等」というものだった。そうでないと、条約を結んでそれを履行する、といった行為がうまく機能しなくなってしまうのだ。

ところが中国は違う。隣接する地域は、高原地帯であったり、砂漠、半砂漠、極寒の地、密林のジャングルなどで、同規模の国家がない「唯一の大国」として存在してきた。その外交は、強者（多くの場合、中国）が弱者からの朝貢を受けるという不平等な関係を常に前提としてきたのである。そして、自分たちだけが正しいやり方を知っている文明国だという自己意識（中華思想）を持ち続けている。

中国は歴史上、匈奴《きょうど》をはじめとする他民族の圧迫、支配をしばしば受けてきたが、そこでも彼らを「対等な他者」として認めようとはしなかった。漢民族の対応には決まったパターンがある。それは強者にはできる限りの譲歩をし、その他民族のリーダーたちへの贈賄などによって籠絡《ろうらく》しようとする。そして、相手の力が弱まるのを待ち、こちらが強者になったら屈従を強いるというものだ。こうしてみると、中国がいまなお、このパターン以外の外国との付き合い方を身につけていないことがわかるだろう。そこには「対等な他者」はなく、「強者」と「弱者」しか存在しないのだ。

つまり中国がこれまで通りの「大国」であり続けようとする限り、彼らが戦略の論理を理解することはできない。これが中国の陥《おちい》っている戦略的パラドックスである。

訳者あとがき

本書は編訳者である奥山がアメリカの戦略家であるエドワード・ルトワック氏に対して２０１９年から２０２１年にかけて直接またはオンラインで行ったインタビューや講演録などを訳してまとめたものである。

文春新書のシリーズとしてご好評いただいた『中国４・０』、『戦争にチャンスを与えよ』、そして『日本４・０』に続く第4作として、本人にインタビューをお願いしたのだが、本書の刺激的なタイトルは、そのインタビューの際に、ルトワック氏本人が熱心に提案したものだ。

エドワード・ルトワック（Edward N. Luttwak）は、１９４２年、ルーマニアはトランシルヴァニア地方のアラドという街で生まれた。ルーマニア共産革命をきっかけに家族はイタリア南部のパレルモに逃れ、そこで少年期を過ごし、イギリスの寄宿学校に進む。高校卒業後、軍属してイギリス国籍を取得し、ロンドン大学（ＬＳＥ）で経済学の修士課程を修め、渡米してジョンズ・ホプキンス大学（ＳＡＩＳ）でローマ帝国の大戦略についての論文で博士号を取得した。英国バース大学で経済学を教えたが、より実践的な国際政治に関わるために石油コンサルタント会社の分析官となり、その後フリーとなってデビュー作である『ルトワックの〝クーデター入門〟』（芙蓉書房出版）を執筆する。イスラエル軍や米軍の軍属アドバイザー、大手シンクタンクである戦略国際問題研究所（ＣＳＩＳ）の上級顧問を務めつつ、世界各地の大学や軍の士官学校で教え、各国政府の首脳にアドバイスを行っている「戦略家」である。

さて、本書の内容であるが、習近平政権が激化させている「戦狼外交」と呼ばれる中国のタカ派的外交を中心に、米中が激しい地経学的な対立を展開するなか、われわれ日本が生き残る道は何かを戦略家の視点から分析したものだ。

本書のポイントを三つ挙げて簡潔に解説をしてみたい。

第一が、中国の、とりわけ習近平政権の戦略の稚拙さを厳しく指摘している点である。『自滅する中国』（芙蓉書房出版）以降の中国論でしばしば論じられているが、ルトワックは以前から中国が歴史的に戦略下手であり、他国がどのような反応をするのかを理解できないと説く。

これは、同時期に発売されたアメリカのハドソン研究所のマイケル・ピルズベリーによる『China 2049』（日経ＢＰ）とは正反対の結論である。日本でもベストセラーとなったこの本の中で、ピルズベリーは中国が「１００年マラソン」とたとえられる長期戦略に従って着々と力をつけた戦略巧者だとしている。ここで興味深いのは、実はルトワックとピルズベリーが、アメリカ国防総省のある部署から長期間にわたる委託事業として、中国の長期戦略についての研究を同時に依頼されており、それが結実したのが上述の2冊の本であるということだ。

習近平を本書のタイトルにあるように「最後の皇帝」と捉え、個人的な体験にも触れつつ、そのパーソナリティを分析するくだりや、その倒し方についてのアイデアなどには、戦略家ならではのユニークな視点が光る。

第二が、「逆説的論理《パラドキシカル・ロジック》」についての説明だ。戦略研究の分野で、ルトワックはこの概念を提唱したことによって世界的な名声を確立したといっていい。

たとえば、サプライズ（奇襲）について。孫子や宮本武蔵、ジョン・ボイドやB・H・リデルハートなど、歴代の戦略思想家たちは、とりわけ戦術レベルにおいて、敵が思いもしない攻撃を行うべきであると教えてきた。ルトワックはさらに踏み込んで、「なぜサプライズを狙うべきか」というところまで論じている。敵はサプライズを受けると、一瞬、身動きができなくなる。つまりリアクションが取れない。この「リアクション」こそ、「戦略の逆説的論理」の核心なのだ。戦争や戦場のような状況では、こちらが起こしたアクションが、意図通りの効果を上げることは少ない。相手も常に、こちらの意図を挫こうとするリアクションで対抗してくるからだ。本書ではこれを「木の枝」（思うままに操作できる対象）と「ヘビ」（反撃を想定しなければならない相手）というたとえを使ってわかりやすく解説している。

第三に、軍事技術のイノベーションの歴史について語っている点だ。本書ではエアパワー（航空戦力）の発展や、機関銃が与えたインパクトなどについて、革新的な技術ほど、軍隊という、実は保守的な組織による抵抗に遭ったことが、豊富なエピソードとともに語られている。とりわけ興味深いのが、空母や水上艦を完全に時代遅れのものとみなし、戦場における主役はドローンとＡＩ（人工知能）になると論じていることだ。これは中国の戦力分析の観点からも重要な論点となるだろう。

最後に本書を書く上でお世話になった方々に謝辞を述べておきたい。まずは著者のエドワード・ルトワック氏であるが、氏の頭脳と経験、そして活力に今回も圧倒された。ちょうど『戦略の世界史』などで知られる国際政治学者ローレンス・フリードマンの新著の最終稿や、マイケル・ハワード『クラウゼヴィッツ――『戦争論』の思想』（勁草書房）の最終チェックを進めていた時期で、戦略論について様々な角度から思いを巡らす貴重な経験となった。

また、本書の編集を担当していただいた前島篤志氏には、本当に感謝している。

本書をお読みになったみなさんが知的に刺激されることを祈念して。

令和3年6月18日

恵比寿駅近くの喫茶店にて

奥山真司

エドワード・ルトワック（Edward N. Luttwak）

米戦略国際問題研究所（CSIS）上級顧問。戦略家、歴史家、経済学者、国防アドバイザー。1942年、ルーマニアのトランシルヴァニア地方のアラド生まれ。イタリアやイギリス（英軍）で教育を受け、ロンドン大学（LSE）で経済学で学位を取った後、アメリカのジョンズ・ホプキンス大学で1975年に博士号を取得。同年国防省長官府に任用される。国防省の官僚や軍のアドバイザー、ホワイトハウスの国家安全保障会議のメンバーも歴任。著書に『中国4.0――暴発する中華帝国』、『日本4.0――国家戦略の新しいリアル』、『自滅する中国――なぜ世界帝国になれないのか』ほか多数。

訳者　**奥山真司**（おくやま　まさし）

1972年生まれ。カナダ、ブリティッシュ・コロンビア大学卒業。英国レディング大学大学院博士課程修了。戦略学博士（Ph.D）。国際地政学研究所上席研究員。著書に『地政学――アメリカの世界戦略地図』、『サクッとわかるビジネス教養　地政学』（監修）、訳書にルトワック著『中国4.0』、『日本4.0』、『自滅する中国』（監訳）など。

文春新書

1320

ラストエンペラー習近平《しゅうきんぺい》

2021年7月20日　第1刷発行

著　者　　エドワード・ルトワック
訳　者　　奥　山　真　司
発行者　　大　松　芳　男
発行所　株式会社　文　藝　春　秋

〒102-8008　東京都千代田区紀尾井町3-23
電話（03）3265-1211（代表）

印刷所　　理　想　社
付物印刷　大　日　本　印　刷
製本所　　大　口　製　本

定価はカバーに表示してあります。
万一、落丁・乱丁の場合は小社製作部宛お送り下さい。
送料小社負担でお取替え致します。

ISBN978-4-16-661320-5